中国船舶研发史

中国船舶及海洋工程设计研究院

上海市船舶与海洋工程学会

组编

中国
挖泥船研发史

于再红 韦 强 丁 勇

编著

HISTORY OF CHINESE
DREDGER RESEACH AND
DEVELOPMENT.DOC

上海交通大學出版社
SHANGHAI JIAO TONG UNIVERSITY PRESS

内容提要

本书是"中国船舶研发史"系列丛书之一。挖泥船在国民经济和国防建设中有着重要的作用。本书反映了 70 多年来我国船舶战线的广大工人和科技人员发扬了自力更生、艰苦奋斗的精神,梳理了挖泥船从小到大、从弱到强的发展过程中攻克研制关键技术。挖泥船的快速发展,使我国疏浚装备迈入世界先进行列,取得了辉煌的成绩。

本书可供相关领域的工人、干部和科技人员参考。

图书在版编目(CIP)数据

中国挖泥船研发史／ 于再红,韦强,丁勇编著.—
上海：上海交通大学出版社,2022.8
（中国船舶研发史）
ISBN 978 - 7 - 313 - 26604 - 0

Ⅰ.①中… Ⅱ.①于… ②韦… ③丁… Ⅲ.①挖泥船
－研制－技术史－中国 Ⅳ.①U674.31

中国版本图书馆 CIP 数据核字(2022)第 143063 号

中国挖泥船研发史
ZHONGGUO WANICHUAN YANFASHI

编 著：于再红 韦 强 丁 勇
出版发行：上海交通大学出版社　　　　　　　地 址：上海市番禺路 951 号
邮政编码：200030　　　　　　　　　　　　　电 话：021 - 64071208
印 制：上海万卷印刷股份有限公司　　　　　经 销：全国新华书店
开 本：710 mm×1000 mm 1/16　　　　　　印 张：15.75
字 数：212 千字
版 次：2022 年 8 月第 1 版　　　　　　　　　印 次：2022 年 8 月第 1 次印刷
书 号：ISBN 978 - 7 - 313 - 26604 - 0
定 价：68.00 元

中国船舶研发史

编委会

主　任　邢文华

副主任　卢　霖　林　鸥　王　征　陈　刚　胡敬东　王　麟

委　员　陈　刚　姜为民　李小平　黄　蔚　赵洪武　焦　松
　　　　王刚毅　张　毅　冯学宝　吴伟俊　倪明杰　韩　龙
　　　　景宝金　张　超　王文凯

中国船舶研发史

专家委员会

主　任　曾恒一

副主任　梁启康　王　麟　杨葆和　谢　彬

委　员　郭彦良　费　龙　王刚毅　刘厚恕　徐寿钦　康为夏
　　　　邱伟强　王　磊　张福民　张富明　张敏健　林　洁
　　　　周国平　吴　刚　毛彩莲　张海瑛　张关根　韩　明
　　　　仲伟东　于再红　张太佶　丁　勇　丁伟康

序

　　"中国船舶研发史"丛书是对中国船舶,主要是民船、工程船和海洋开发装备研发史的一次归纳和梳理,是一套展现新中国成立以来民船、工程船、海洋开发装备研发所走过的历程和取得的辉煌成就的丛书。

　　我国是最早发明舟舢舫舸的造船古国。早在唐朝,中国的造船技术就已经有了长足的发展,出现了水密隔舱、平衡舵、开孔舵等先进技术。在船型方面,宋、元朝时期,中国已有海船的船型,其中以东南沿海一带的福船、沙船、广船最为著名,被认为是中国古代的三大船型。至明朝郑和下西洋,以 14 个月时间建造 64 艘大船显示了中国古代在船舶研发和建造中的卓越成就。到了近代,众所周知,中国的造船业虽然也曾仿效西方,甚至造出了铁甲船和万吨船,但终究不能摆脱衰落的命运,开始落后于西方强国,以至于在列强的坚船利炮下,丧失国家尊严,蒙受民族耻辱。真正使中国造船工业出现复兴生机,是新中国诞生之后。1949 年 5 月上海刚解放,上海市军事管制委员会筹建了华东区船舶建造委员会。1949 年 9 月统管全国船舶工业的中央人民政府重工业部船舶工业局宣告成立。统筹全国船舶工业发展,聚集造船人才,同时扩、改、新建造船厂,调整和新建全国船舶专业院校,研究设计和建造两翼齐飞,唤醒了沉睡了近 500 年的古老造船强国! 本丛书从新中国诞生这一时刻开始,特别是改革开放以来,以油船、液化气船、工程船、科考船等 10 种民船船型为主题,阐述了新中国的船舶研发历程,并从这一侧面展示新中国"造船人"艰苦奋斗、砥砺前行、锐意创新、攀登高峰,重现造船强国的史实。

　　70 年中国船舶研究发展过程,各型船舶发展尽管不尽相同,但大致可分为三个阶段:

　　第一阶段,夯实基础稳步发展(1949—1977 年)。这一阶段,国家把交通运输业作为优先发展的基础,为船舶工业发展提供了广阔的空间。新中国成立之初,我国贫穷落后,百业待兴,尽管如此,国家仍将发展造船工业放在十分重要的地位,经过新中国成立初期的整合发展,到 1965 年船舶科研机构已整体成制,仅中国船舶工业总公司第七研究院(中国舰船研究院)就有十几个包括总体设计和专项设备的研究所,研究的领域涵盖舰船设计涉及的所有方面。扩建新建中央及地方大、中型造船厂,增添设备,改进工艺,为尽快恢复发展水上交通运输,适应国民经济建设发展所急需的多型民用船舶,力争不买或少买船,设计并建造了中型沿海油船、客货船、长江豪华客船、航道疏浚船、港口起重工程船、科学调查船“实践”号、自升式钻井平台“渤海 1”号和气垫船等追踪当时世界船舶航运界发展动向的船舶。自主设计建造了新中国十大名船之首的万吨级远洋货船“东风”号,结束了我国不能设计建造万吨货船的历史,开创了我国造船史的新纪元。

第二阶段,改革开放快速发展(1978—2010 年)。1978 年以前,由于西方工业强国对我国实行技术封锁政策,我国船舶科技极少对外交流,信息不通致使发展受限,各类大型运输船舶、疏浚装备、海洋开发船舶多依赖进口。1978 年后,在“改革开放”春风的沐浴下,中国的船舶工业如同骏马,奔驰向前。1982年设计建造的 27 000 吨散货船“长城”号,是第一艘按照国际公约、规则和国外船级社规范设计和建造的出口船。从那时起,我国各类工程船、海洋开发装备等设计和建造开始融入世界船舶科技发展行列。研究设计技术经过引进、消化、创新,不断跨越发展。各大船厂的造船能力大幅度提升。至 20 世纪末,我国已大步迈向世界第一造船大国,不但结束了主要依靠进口船舶的历史,而且大量、多品种船舶出口许多国家。这一时期,各种船型均有相当规模的发展:

集装箱船从无到有,从出口 700 TEU 全集装箱船到 4 700 吨多用途集装箱船;设计和建造了 5 万吨大舱口多用途散装货船、15 万吨双壳体苏伊士型原油船、半冷半压式 16 500 立方米液化石油气(liquefied petroleum gas,LPG)船、布缆船、中型挖泥船、海峡火车渡船等;科考船已进军南极;为适应海洋油气开发,我国形成了从物探船,自升式、半潜式、坐底式钻井平台和半潜式生产平台到浮式生产储油船的全产业链的设计和建造能力。

第三阶段,自主创新跨越发展(2011 年—至今),新世纪尤其是党的十八大以来,以习近平同志为核心的党中央,站在实现中华民族伟大复兴的战略高度,准确把握时代发展大势,作出了建设海洋强国的重大战略决策,指引着船舶工业砥砺前行。

这一时期的中国造船速度在世界造船史上是罕见的。在这迅猛发展的过程中,我国造船工业攻克了多项关键技术,研发和建造能力大幅提升。一批世界级高精尖的船型在中国诞生。科考装备实现了跨越式发展:3 000 米深水半潜式钻井平台"海洋石油 981"号进驻南海正式开钻,标志着我国海洋石油工业深水战略迈出实质性的步伐;亚洲首艘 12 缆地球物理勘探船"海洋石油 720"号、全球首艘 3 000 米深水工程勘探船"海洋石油 708"号交付使用,标志着我国深水作业"联合舰队"逐步成形;我国自行设计、自主集成研制的"蛟龙"号载人潜水器在马里亚纳海沟创造了下潜 7 062 米的中国载人深潜世界纪录,使我国成为世界第五个掌握大深度载人深潜技术的国家;2019 年 7 月,我国第一艘自主建造的极地科学考察破冰船"雪龙 2"号顺利交付使用。相比"雪龙"号,"身宽体胖"的"雪龙 2"号的破冰能力和科考能力更强,标志着我国南北极考察基地的现场保障和支撑能力取得了新突破。

70 年的船舶研发史,是我国船舶工业由弱到强不断发展壮大的历史,展现了中国特色社会主义制度的优势。

70 年的船舶研发史,是我国船舶研发水平和造船能力不断提高、不断创新的历史,是我国在船舶研发领域由跟跑者向并跑者乃至领跑者转变的进步史。

70 年的船舶研发史,是我国广大船舶研发、建造人员不畏困难、积极开拓、勇于攀登、勇于奉献的真实见证,是我国船舶创业人员不忘初心、牢记使命,追梦深造的奋斗史。

科技是国家强盛之基,创新是民族进步之魂。正如习近平总书记在 2021 年 5 月 28 日召开的两院院士大会和中国科学技术协会第十次全国代表大会上指出:"当今世界百年未有之大变局加速演进,国际环境错综复杂,世界经济陷入低迷期,全球产业链供应链面临重塑,不稳定性不确定性明显增加。""科技创新成为国际战略博弈的主要战场,围绕科技制高点的竞争空前激烈。"在此背景下,船舶工业无疑面临着新的发展机遇和挑战。回顾历史既是为了总结经验激励前往,更是为了创造未来。如今全面建设社会主义现代化强国迈入新征程,向第二个百年奋斗目标进军的号角已经吹响。让我们以史为鉴,勇于创新、顽强拼搏,为把我国建成海洋强国、实现中华民族伟大复兴的中国梦不断作出新的更大的贡献!

中国工程院院士

前　言

　　挖泥船是从事航道保障、港口服务、水域施工、河道港湾疏浚等作业的特种船舶,在国民经济建设和国防建设中发挥了重要的作用。

　　早在4 000多年前,我国就采用人工疏浚的方法开挖运河、疏通河道、沟通水系来发展航运和农田灌溉,但大量使用疏浚工具乃是从近代开始的。新中国成立以前,我国虽然有一些挖泥船,但大多是从国外购买的,极少疏浚船是国内船厂仿造或组装的,真正开发研制疏浚装备是从新中国诞生以后开始的。

　　20世纪50年代,我国逐步启动了挖泥船的研发和建造,国内组建了第一个工程船研究设计室,开启了自主研发挖泥船的进程,建立了挖泥机具试验室,先后成功研发了40余型多种规格的泥泵、泥斗、绞刀、抓斗、吸盘头及耙头等挖泥机具设备,配合了挖泥船的研发和建造。20世纪60—80年代间,我国开发、设计、建造出一批国内急需的绞吸、链斗及抓斗挖泥船,跨出了"国造"的第一步,开始摆脱依赖国外的局面。其中少部分已具有较高技术水准的挖泥船型:1966年研发的500立方米链斗挖泥船、1970年研发的接近国际水平的4 500立方米耙吸挖泥船——"劲松"号和"险峰"号,其中"险峰"号1978年荣获全国科学大会奖项。改革开放以后,与中国特色社会主义经济建设高速发展同步,挖泥船的研发以坚实的步伐前进,在船型创新、关键技术突破上均已进入世界前列,为我国疏浚船队规模扩大做出了重要贡献。这一辉煌成就的重要象征是2019年"天鲲"号挖泥船建成投产,其优异的疏浚能力引起全球关注,2020年"海上大型绞吸疏浚装备的自主研发产业化"项目,荣获国家科技进步特等奖。

　　为使读者了解"国之重器"挖泥船70多年来从测绘、设计仿造到自主研制,从无到有、从小到大、从技术简单、品种单一的设计到多品种、高技术含量的技

1

术创新的发展过程和取得的辉煌成就,我们编写了《中国挖泥船研发史》一书。本书分6章:第一章为挖泥船概述;第二章为挖泥船种类和特点;第三章为挖泥船专用设备;第四章为新中国挖泥船研发过程;第五章为设计团队创奇迹;第六章为挖泥船的发展趋势。重点介绍了我国改革开放以来挖泥船的发展,颂扬了中国船舶战线上广大工人和科技人员瞄准世界挖泥船前沿技术自力更生、艰苦奋斗的精神。

　　本书把中国在挖泥船研制所积累的经验和取得的成果展现给读者,供船舶战线工程技术人员和爱好这项专业的青少年学习。为研制开发新型挖泥疏浚装备,把我国建成海洋强国、实现中华民族伟大的中国梦而奋斗!

目　录

第一章
挖泥船概述

第一节　简　　述

　　挖泥船是具有疏浚水道与河川淤泥等功能的船舶。具体讲,挖泥船就是用来:挖深、加宽和清理现有的航道和港口;开挖新的航道、港口和运河;疏浚码头、船坞、船闸及其他水上建筑物的基槽以及将挖出的泥砂抛入深海或吹填到陆上洼地造田等,是吹填造陆的利器。

　　我国是最早采用人工疏浚方法开通运河、疏通河道、沟通水系以发展航运、拦筑堤坝以排洪灌溉的文明古国,上可追溯到大禹治水。古代疏浚工程是靠人力和简易的手工工具进行的。古代腓尼基人、埃及人和苏美人都曾使用一些简单工具如铁锹和柳条筐进行疏浚作业,建设河道和港口。通过实践,腓尼基人对疏浚方法进行了改造,他们开发了一种简易的挖泥船,工人开始脱离水中作业,乘坐在一条平底的小船上,小船的一头有一根旋转杆,旋转杆的前端是一个挖泥用的勺子状设备,并带有绳索,操作工人通过拉动绳索控制勺子的运动进行挖泥。当勺子里装满了泥,便通过旋转杆将泥倒入小船另一端的小舱里,小舱装满后,工人驾船把泥土运走倒掉。以后,罗马工程师为提高生产效率对这种挖泥船进行改造,把船建造得更大。逐步由机械代替手工操作,并运用于罗马帝国在各地的港口和河道的建设。这种船因其简便廉价,一直到 20 世纪

60 年代仍有人在使用。

现今这种用于疏浚的机械装备统称为挖泥船,属于疏浚工具、船舶、机械与电气相融合的产品;它是一种由设置在船上的挖泥装置将水底泥砂挖掘、提升、搬移和运送的船舶;它是挖泥装置与船体的结合,而船体与不同的挖泥特殊装置结合形成了不同类型的挖泥船,是一种先进的生产工具,在现代疏浚工程中,高度现代化的挖泥船越来越占有重要的地位。

第二节　挖 泥 船 应 用

挖泥船的应用领域相当广泛,不仅涉及水利清淤、河道治理,港口、航道、海滩的建设和维护,吹填造陆、基槽和管沟的开挖与回填以及海上采矿等领域,还涉及防洪抢险、农田水利、航道整治、水域环保、提高港口运输能力以及水下埋设管道等国民经济建设的众多领域。对吹填造陆、国防建设、海洋权益维护、环境治理等人类社会可持续发展的诸多方面都具有重要的意义。

改革开放以来,随着我国经济实力的快速增长,各项关系到国计民生的重大建设项目纷纷提上日程,如黄河清淤及各大水系的疏通,长江口深水航道疏浚,曹妃甸围海造地,汕头东海岸的"东方威尼斯"项目,港珠澳大桥工程建设,深中通道超级工程建设等大型项目中,都有挖泥船的身影和功绩(见图 1-1)。

一、港口疏浚建设

近年来,随着国际贸易的发展,船舶大型化趋势越来越明显。而我国大多数海港恰恰位于江河入海口,港口航道天然呈斜坡状,且容易淤积变浅,而要停靠大型船舶必须保持港口航道的深度,就需要由挖泥船不断地清除淤积在泊位和航道的泥砂。图 1-2 展示了某港口扩建的沿海码头。

图1-1　挖泥船在作业

图1-2　某港口扩建的沿海码头

上海横沙岛位于长江黄金航道的咽喉,运货量位居全国内河第一。但每年这里都有 4.8 万吨的泥砂淤积,是通海航道的一大障碍。为保证每年 2 000 多艘大至 10 万多吨的船舶进出航道,保证航运畅通,每年都需要挖泥船对其进行疏浚清淤。每天疏浚船挖出的泥砂要有 100 个标准足球场大的地方才能堆放,排出的淤泥经过沉淀、地基处理等工序,将填筑成全新的陆地。2020 年,这里已形成了一个 105 平方千米的新地块(见图 1-3、图 1-4)。

图 1-3　横沙岛清淤堆集的泥土已种上树苗

图 1-4　清淤的泥砂已大片绿化

又如长江口深水航道的治理工程,由于长江是我国的黄金水道,也是贯穿我国东、中、西部的水路交通大通道。河口特有的水沙运动特点,使长江口形成了(见图1-5),成为通海航道的碍航段,航道水深只有7米左右,大型船舶需要在长江口外减载后才能乘潮进入长江口,远远不能满足当时上海港等多个港口对万吨以上泊位船舶的进出需求,严重阻碍了长江黄金水道效益的发挥和长三角乃至整个长江中下游流域经济的发展。长江口深水航道治理一期工程从1998年1月开工至2011年5月竣工,历时13年,完成基建疏浚工程量320亿立方米,航道水源提高至10米治理工程中疏浚主要是依靠耙吸挖泥船来完成的。

图1-5 长江口长年积累的淤沙泥土

2019年5月长江南京以下12.5米深水航道治理二期工程顺利竣工验收。对建设长江经济带综合交通运输体系,打造长江全流域黄金水道,助力内河水运高质量发展具有十分重要的意义。通海海船从3万吨级提高到5万吨级,航道能力提升1倍,航道运行效能大幅度提升。

二、水利防洪和填海建设

降水丰亏由天，调水利水由人。要改善河流泥砂淤积的状况，发挥河流应有的作用，则必须依靠疏浚治理，而江河疏浚治理最为有效的手段就是利用挖泥船进行机械化疏浚作业（见图1-6）。1990年我国启动了防洪治理重点项目"河湖疏浚挖泥船建造项目"（也称"百船工程"），由水利部组织进行了挖泥船集中、规模化建造。主要用于湖南、湖北、江西、安徽、江苏、辽宁、黑龙江、广东各省及长江、黄河、淮河、海河等流域的河道疏浚，作业水域覆盖面广。

交通运输部长江航道局每年都投入大量的挖泥船在长江进行清淤疏浚，确保长江航道的畅通。湖南省洞庭湖地区，共有防洪大堤3471千米，用绞吸式挖泥船吹填加固防洪大堤是提高圩垸抗洪能力的重要手段，保护着堤内耕地868万亩，防止水土流失，保护了耕田和植被的修复，确保了粮食基地的生产安全。

图1-6　进行机械化疏浚作业的挖泥船

2004年5月曹妃甸吹填造地大规模开发拉开序幕，在一个不足足球场大小的沙滩上修筑围堰超过100千米，造地面积达50多平方千米，成为投资热土。

又如山东黄骅港的疏浚建设。黄骅港地处渤海的淤泥质海岸,某外国专家曾断言,这里根本就建不成大港。天津航道局的两艘主力挖泥船,只花了11个月时间就疏浚淤泥 1.2 亿立方米(见图 1-7),完成了 12 484 米围堰,3 068 米防波堤,创造了世人瞩目的"黄骅"速度。不但建成了黄骅港,还硬是挖出了能让 20 万吨级船舶进出的航道。

图 1-7　挖泥船在喷扬泥土砂浆

再如广州南沙滨海新城的问世。南沙滨海新区是继上海浦东新区等 5 个新区之后,国务院批准的第 6 个国家级新区。按规划该区将建设成为粤、港、澳优质生活圈、新型城市化典范。

其中中国自贸区——珠海横琴新区建设正在稳步推进。珠海横琴岛毗邻港澳,但土地面积仅 28 平方千米。2009 年国务院正式批准实施横琴计划,将其建设成联通港澳、区域共建的"开放岛"。横琴开发正式上升为国家重要战略。经过填海造陆工程,新区面积达 106 平方千米,仅填海面积就达30 平方千米(见图 1-8)。

图 1-8　横琴南部规划填海建设蓝图

世界上最大花型人工度假岛——海南省儋州市海花岛被打造成当时世界上最大的休闲度假岛。所有这些工程正是因为有了挖泥船这种"造陆利器",使"精卫填海"才能成为现实,人工吹填造陆让世界瞩目。

三、水域生态环境修复

我国有许多城镇、工厂都沿江河湖泊而建,有着与人们生活联系紧密的城市水系,如何利用有效的手段改善水生态环境已成为一个重要的课题。除了要从源头控制污染源之外,就是要对江河湖泊污染底泥进行清淤挖掘,降低富营养化元素的浓度,改变水体的厌氧状态,恢复河滨的亲水景观,为人们提供一个环境优美、水体清新、生态平衡的生活空间。因此,挖泥船在水域生态环境修复上大有作为。

环保疏浚作为疏浚技术的扩展应用,为传统的疏浚市场开辟了崭新的领域,环保型挖泥船及相关技术越来越受到重视,环保疏浚已逐渐成为新兴产业。而使用挖泥船对河堤、海岸不定期进行生态维护是较为普遍的维护方式。

挖泥船在航道工程建设和航道养护工程中得到广泛的应用并发挥了重要作用。

四、海底开挖沟槽

随着海上通道的建设和油气田的开发,挖泥船的应用拓展到海洋工程领域,为海上隧道沉管和油气输送管道的铺设开挖沟槽和覆盖保护层等增加了新技术、新装备。如在东海平湖油气田油气管道登陆段开挖沟槽并抛填覆盖层,港珠澳大桥隧道沉管基槽开挖、抛填覆盖层等工程中都得到了广泛的应用。在促进海洋经济快速发展和岛域安全方面,挖泥船的作用更具重要的价值和意义。

第二章
挖泥船种类和特点

挖泥船依据其装设的挖泥设备原理可分为水力式、机械式和气力式三大类。

水力式挖泥船主要是利用水流的冲刷进行破土,将破碎的泥土收集、提升,再利用水流将挖掘物进行搬移和运送。为了适应硬土、黏性土和风化岩石,现代水力式挖泥方法大多与机械破土相结合,利用刀齿或刀齿和水流冲刷进行破土,如带有刀齿的单斗轮装置(见图2-1)。水力式又根据不同的系统组成,分为直吸、吸盘、耙吸、绞吸和喷水等挖泥船。

图2-1　IHC公司*设计的挖泥船上——
　　　　带有刀齿的单斗轮装置

机械式挖泥船是利用机械直接破土,将泥土收集、提升和搬移至泥驳上,通过泥驳的配合运送挖掘物。少数机械式挖泥船上也带有泥舱,可

---

* IHC公司是荷兰IHC CALAND集团下的一家公司。

将挖掘物装舱运送至目的地。机械式挖泥船依据不同的系统组成又可分为抓斗、链斗、铲斗式等类型。抓斗挖泥船又分为自航和非自航两种:自航抓斗挖泥船一般带泥舱,泥舱装满后自航至排泥区卸泥;非自航抓斗挖泥船则利用泥驳装泥和卸泥。

气力式清淤船是一种采用气力作用原理对水下沉积物进行清除的疏浚机具,传统上属吸扬式挖泥船,普遍用于清淤,担负着环境保护清除污染的重任,不像耙吸挖泥船、绞吸挖泥船那样疏通航道、填沟造陆等去担当宏大的工程。气力式清淤船主要用于大型水库、湖泊、水坝、港湾、海滩等水下污染底泥的清除或清除水面漂浮杂物等。

三大类挖泥船都各具特点,根据用途来选用。目前实际应用中具有强大、精良的疏浚、充填功能的挖泥船主要是耙吸和绞吸挖泥船。

第一节　水力式挖泥船

一、直吸挖泥船

水力式挖泥船在发展的初始阶段,其技术形态比较简单,吸头不具备切削泥土的能力,且几乎都是非自航船,作业采用四锚定位,吸头伸向前端贴近泥面定点吸泥,即使后来出现了自航形式,作业时依然采用锚泊定位,统称为吸扬式或直吸挖泥船,普遍用于内河疏通航道或内河工程。

直吸挖泥船(见图2-2)是利用泥泵(离心力)产生的低压区(又称负压区),在大气和静水压的作用下从吸泥头经吸泥管吸进泥浆,再通过排泥管输送至卸泥区。有单吸泥头形式以

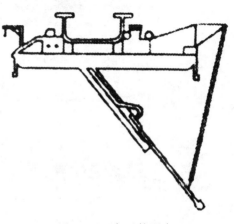

图2-2　直吸挖泥船

及吸头附近加装水力松泥器(即一组喷嘴)的组合形式,后者作业时通过喷嘴喷出水,能更好地疏松吸头附近的泥土,以便泥泵将业已疏松的泥砂高浓度吸入并排放到目标处所。喷嘴所需的高压水则另由专用冲水泵提供。

直吸挖泥船的特点:设备和系统组成简单,仅能吸松软土沙,船体为非自航、方箱型、钢质单体结构,采用锚泊定位和移船。在有条件利用岸电的场所,船上亦无须设置其他动力设备。

二、绞吸挖泥船

绞吸挖泥船是通过收放两根横移锚锚缆,并绕钢桩来回摆动进行作业的,故可以比较稳定地挖掘各种类型的底泥。这种绕定位桩来回摆动的挖泥方式也是绞吸挖泥船与直吸挖泥船的主要区别所在,因为后者不设绞刀,不存在绞切力,因此一般不必设置定位桩采用锚缆作业。

绞吸挖泥船的主要系统组成有绞刀系统、吸/排系统、尾管连接系统、定位钢桩式台车、桥架绞车及移船绞车、驱动系统抛锚杆以及自动化系统等(见图2-3)。

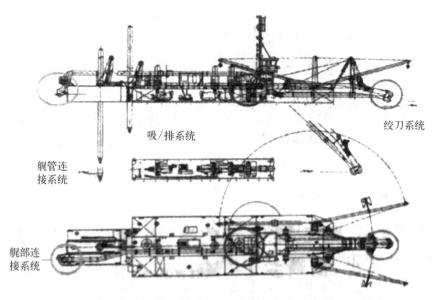

图2-3 绞吸挖泥船主要系统组成示意图

　　绞吸挖泥船是当今应用范围最为广泛、数量最多的一类挖泥船。据相关文献记载,绞吸挖泥船在 19 世纪后期就已开发利用,历经 100 多年的发展,而今已成为挖泥船家族中最为壮大的一支力量。与直吸挖泥船相比,绞吸挖泥船的一个明显的特点就是利用绞刀旋转切割,不断绞松水底泥土形成泥浆,然后用泥泵吸取及输送泥浆。具体来说,就是在位于吸管前端的水下吸口处加装一个有旋转绞刀(一种专门用来切削泥土的装置),作业时在电动机或液压马达的驱动下,通过同步收、放两根船首边横移锚锚缆,绕船尾后定位桩左右横移的方式来回切削泥土,使其连续进入绞刀腔内;泥泵则由原动机或电动机驱动,将绞刀腔内的泥水混合物借助吸、排泥管以水力输送方式排至目的地泥场,或者直接装上驳船运送。

　　绞吸挖泥船与耙吸挖泥船一样,在作用原理上同属于水力式挖泥船,即通过离心式水泵吸入水底泥砂,并借助水力排入充填处所。

　　现今绞吸挖泥船已遍布世界各地疏浚市场,是现有各类挖泥船上使用最为广泛的一种,较长一段时间以来,绞吸挖泥船在美国、日本等部分国家居于统治地位;在欧洲四大疏浚公司中,绞吸挖泥船和耙吸挖泥船的装船总功率已超过四大公司全部疏浚装备装船功率的 80%;就数量而言,在世界各种挖泥船中,绞吸式船几近占据半壁江山。

　　绞吸挖泥船的特点如下:

　　一是绞吸挖泥船与直吸挖泥船的主要区别在于疏松泥土的方式不同,而泥浆在泥泵作用下通过泥管的输送过程则是完全一样的。除了绞刀及驱动系统以外,定位桩及绞刀桥架也是绞吸挖泥船有别于直吸挖泥船的重要特点。定位桩的设置使绞吸挖泥船得以牢固定位并准确地挖取各类泥土,而绞刀架(俗称桥架)则用以安装绞刀和驱动系统、吸泥管以及水下泥泵等设备,其根部通过耳轴与首开槽内主浮箱内壁相连接,桥架前端则通过桥架绞车、滑轮及钢丝绳整体吊放在 A 字架或龙门架上,用滑轮、钢索而上下升降。

二是绞吸挖泥船船型比较简单，绝大多数为非自航船，钢质、方箱形船体，可以是整体形式，小型船也可以是分体组装形式（由多个片体组合而成），以方便水陆运输。因安装桥架及绞刀等设备缘故，通常船首沿纵中方向均设有较大的开槽，开槽尺寸随着船体尺度及挖深要求而变化。对日益增多采用定位桩台车的绞吸式挖泥船而言，船尾沿纵中方向也有开槽，以便台车和行走主桩的安置，船尾开槽的长度通常较船首开槽短。无论整体还是组装形式，非自航绞吸挖泥船的船体一般都做成方箱形，因为设备安装及作业所需，通常都具有较大的船宽，稳性明显要优于普通船舶。在船首、船尾端做些简单的处置，以便挖掘边坡和减小拖带阻力。因此没有线型要求的箱形，给制造和陆上运输带来许多便利。但是新的中型绞吸挖泥船为充分发挥其效能，均具自航能力，船体线型亦成为重要技术之一。

三是绞吸挖泥船对切削土壤的适应性强。绞刀在水下作业时能够凭借强大的绞刀功率和特殊的绞刀形式，并在横移绞车的拉力作用下有效地挖掘土层，即使是比较坚硬的岩石也能挖掘。

四是绞吸挖泥船因其自身作业的特点，绞刀、泥泵等挖泥机具的磨损往往非常严重，吸口堵塞等故障也较多，因而，通常要求绞吸挖泥船具有更加可靠、便利的吊装、维修和换件能力。

五是绞吸挖泥船推进装置只用于调遣，挖泥时依然采用定位桩辅以左右横移锚移船作业。

六是深水作业只有在对特殊的桥架结构进行延伸时才可行实施。采用多节拼装边浮箱逐级向船首延伸，并用类似耙吸挖泥船耙管接长的形式来延伸桥架及吸管段，以挖得更深。唯有采用特殊的锚缆定位，其作业的优点除了方便深水作业外，还有利于切削宽度的增加。

七是与耙吸挖泥船借助低速航行、连续直进挖泥作业的运作方式截然不同，绞吸挖泥船在作业时功率全部用于挖泥（供泥泵、绞刀等使用）。

按照切削工具分有绞刀和斗轮两大类。为确保不同土质情形下的疏浚效率，绞刀又有卧式、立式、开式、闭式等多种形式（见第三章第三节绞刀的形式），斗轮亦有单斗轮和双斗轮之分。

绞吸挖泥船的主要优势：一是因船型简单，建造及疏浚成本低廉，具有市场竞争力；二是吃水浅，且中、小型船的组装结构便利陆运调遣，适用水域范围广泛；三是随着泥泵、绞刀等装备技术和机械性能的不断完善，对包括岩石在内的各类土质具有广泛的适应性；四是定位桩台车及自动化、智能化技术的装船应用，使现代绞吸挖泥船非生产性移船时间相对减少，吸入浓度和产量相应提高；五是大型以上自航绞吸挖泥船的逐渐增多大大便利了海上调遣和抗风浪性能，为其跻身大型海上疏浚工程赢得先机。

三、吸盘挖泥船

吸盘挖泥船是一种具有宽扁吸口的吸扬挖泥船。其吸口截面的长宽比大，甚至达 40：1，以钢管或钢板垂直分隔，能够以比较小的疏浚高度获得较大的产量。吸盘挖泥船无切削设备，泥砂吸入主要借助吸盘头吸口上缘一排的高压喷嘴产生的水动力作用，使前方土层坍塌并形成异重流，然后以较高的浓度吸入，吸入的浓度大小或产量高低多取决于泥土的性质。

吸盘挖泥船最早出现在美国，是继链斗、耙吸、绞吸等船型以后出现的一款形式颇为独特的船型，虽然在世界疏浚船队中数量不多，但迄今仍未被其他船型所能替代。

吸盘挖泥船的主要系统由泥泵、驱动装置、吸盘架、带有高压喷嘴的扁平吸盘头（见图 2-4）（单个设置或两个并列设置）、吸盘吊架、锚缆定位系统、吸排泥管以及操控系统等组成。部分吸盘挖泥船设有回转式边抛架，可左右 180 度回转实施舷外抛泥。为增大挖深和提高挖掘浓度，新建的吸盘挖泥船上都增设有水卜泵。为提高吸盘挖泥船的通用性，部分吸盘挖泥船还具备耙吸功能（不设泥舱）。

图 2-4 吸盘挖泥船的吸盘头

吸盘挖泥船具有以下特点：

（1）挖槽平整、挖宽大（接近船宽），一次挖宽可达 8～16 米。

（2）吸入浓度高,可采用边抛或尾管排泥,或两者兼备。

（3）纵前抛锚、直线绞进作业,无横移锚缆,作业不碍航。

（4）吃水特浅、通常满载吃水为 2.5 米以下,便于调遣。

（5）无须切削设备,装船功率小,投资省,疏浚成本低。

四、耙吸挖泥船

耙吸挖泥船系指具有自航能力及大装载泥舱,并配有泥泵、耙头和耙管的挖泥船。当其低速航行时放下耙管,在泥泵的真空吸力作用下,由贴近底部泥层的耙头连续吸起泥砂经由泥管进入泥舱内,直至舱满,并运至排泥处,以适当方式排空舱内装载的泥砂,继而返回现场继续作业。

　　耙吸挖泥船适用性强、机动性好，其作业可在航行中进行。其他类型的挖泥船不能航行作业，只能采取措施移船定位作业。

　　耙吸挖泥船核心部件为泥泵，在作业方式上与绞吸挖泥船大相径庭。首先，它具有自航特征，无须借助定位桩和锚索移船定位，因而确保了作业过程的连续高效性；其次，耙吸挖泥船自身具有装载泥舱，且装载吨位较大（载泥量通常占据船舶排水量吨位的 2/3 左右），无须通过长距离设置的船尾管输送泥浆；再次，由于自航的缘故，它可以在装满一舱泥砂后运至预定的排泥水域，根据预先设定开启底开泥门排放、或艏喷、或艏吹排岸，直至排空，然后，回到挖泥现场；最后，作为自航船，近海作业时应对海况的能力和作业稳定性均优于其他种类的挖泥船。

　　耙吸挖泥船的主要系统组成（见图 2-5）有舱内泥泵、耙头及其所依附的耙管，用于收放耙管的吊放系统，泥舱、泥门及其启闭系统，装舱管及其余水溢流系统，抽舱及排岸管系，艏部接头（艏吹及艏喷），针对耙头和泥舱稀释需要而设置的高压水系统、波浪补偿装置，以及操控系统等。

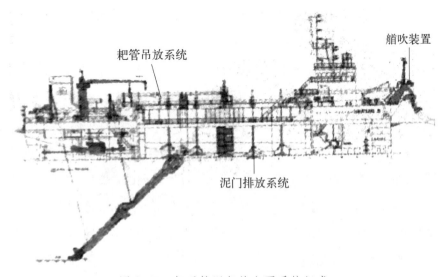

图 2-5　耙吸挖泥船的主要系统组成

因为耙吸挖泥船具有自航能力且带有泥舱,所以在功能各异的各类挖泥船型中,唯独耙吸挖泥船能够在不需要其他辅助船舶配合的情形下独立完成耙、装、运、卸以及吹填等全过程作业,并自行转换场地。航道作业时它也不影响其他过往船舶,因而具有良好的机动性。相对其他类型的挖泥船来说,耙吸挖泥船也更适合于近海条件下的作业,深受疏浚界青睐。当今,耙吸挖泥船主导着国际疏浚市场,尤其是大型、超大型耙吸挖泥船已成为各大国际疏浚公司的中坚力量,当然耙吸挖泥船的造价也远高于其他挖泥装备。

五、斗轮挖泥船

斗轮挖泥船是在绞吸挖泥船作用原理基础上,于20世纪70年代中期派生出来的一种新船型。通常视其为改进型的绞吸挖泥船。因此,斗轮有时也称为"斗式绞刀"。为了更好地满足使用要求,欧、美主要挖泥船制造厂商仿照露天采矿用的大型轮式采掘设备,开发斗轮挖泥船。斗轮挖泥船很快获得用户的青睐,被广泛采用。斗轮挖泥船增加产量的主要因素在于旋转斗轮的设计,它可以将很大的挖掘力集中在很小的面积(斗刃)上。斗轮挖泥船用于采掘食盐、芒硝等矿藏时,其效率提高尤为显著。

由于轮绞刀的采用,泥斗的布设比较紧密,斗刃切削性能较普通的绞刀有所提高,又由于鼓轮上装有刮刀,且无斗底,产量因此得到提高,尤其是对黏性、塑性类土质具有更好的适应能力。同时,由于斗轮结构左右对称,挖泥运转中斗轮做横轴式转动。这些正是它与绞吸挖泥船(采用不对称螺旋绞刀及纵轴式运转)的重要区别之处,使其在左右横移挖掘过程中不仅受力均衡、挖掘效率平稳,挖槽也更趋平整(见图2-6)。正是这些优势,使斗轮挖泥船问世以来在世界各地发展迅速。现有欧洲和北美的斗轮挖泥船存在一定差异,但斗轮的基本特征及内部构造大致相同。

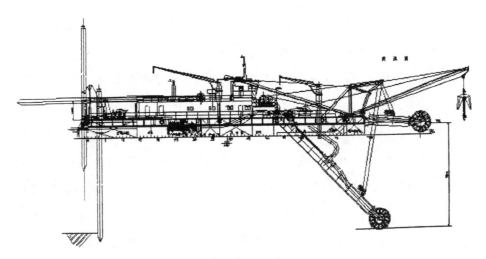

图 2-6　斗轮挖泥船作业示意图

第二节　机械式挖泥船

一、抓斗挖泥船

抓斗挖泥船是机械式挖泥船中使用最普遍的一种类型,一般采用单斗作业。抓斗挖泥船有绳索抓斗和硬杆抓斗之分。早期抓斗挖泥船为绳索抓斗,通过艉桩的前后倾斜使船移动。20 世纪 70 年代后,随着液压技术的推广应用,液压硬杆抓斗挖泥船渐次增多。然而,绳索抓斗却并未因此而谢世,由于其具有比硬杆抓斗大得多的挖深(最高可达 100 米)功能而更能适应深水作业,仍受到众多用户的偏爱;硬杆抓斗挖泥船挖深虽然受到限制,但其操作简便且挖掘精度高,而且,由于驱动动力均源自液压的缘故,液压硬杆抓斗与反铲挖泥船的铲斗也可以方便地进行互换。

抓斗挖泥船大多为非自航船,抓斗机(无论绳索斗还是硬杆斗)的安装亦类似于铲斗机,均置于船首部位,作业时采用锚泊定位,相当一部分抓斗挖泥船同时还具备三桩定位(当作业水深在 30 米以内时)。

抓斗挖泥船作业时不会产生类似铲斗挖泥船那样巨大的水平作用力,对于船体而言,主要是承受垂向的反作用力。

抓斗挖泥船除了挖泥作业外,还可以兼做起重船或碎石船,只需卸去抓斗,换上吊钩或碎石锤(水下碎石用)即可。抓斗挖泥船原本在陆地/码头使用时,大多就是用来装卸货物的,针对不同物件采用不同型号的抓斗而已。现行的抓斗挖泥船在结构设计及作业安全方面的规范制订尚欠完整,目前为止,抓斗挖泥船的设计大多仍参照起重船规范来进行校核。抓斗船作业时最危险的状态是抓斗处于舷侧抓泥受倾侧力矩,而船体同时又受到正横方向的风压而产生倾侧力矩,总的倾侧力矩的计算必须是这两种侧向力矩值的叠加。

非自航抓斗挖泥船均采用方箱形钢质全电焊船体,干舷值一般要求大于800毫米。部分抓斗挖泥船具备自航能力并自带泥舱。大多配置绳索抓斗,抓斗机的数量视设计要求可以是1台或多台。这种自航、自载、自卸的抓斗船无疑有助于提高产量并扩大水域作业范围(见图2-7)。

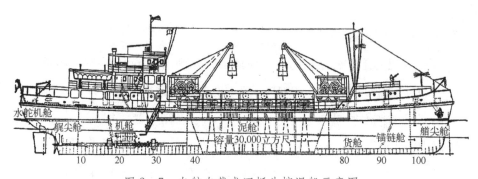

图2-7 自航自载式四抓斗挖泥船示意图

抓斗机及其配属的抓斗是该型船的关键装备,选配的抓斗容量与挖掘产量密切相关。抓斗大小以斗容(立方米)计量,而容重比(斗重/斗容)是衡量抓斗性能的又一个重要指标:容重比大的斗对付硬质、黏性土的能力强。此外,为应对各类不同特性的泥质,抓斗还被设计成多种不同形式,如蛤壳形、橘瓣形、还有带齿和不带齿的区别,在设计时材料的耐磨性和耐冲击性能也必须充分考虑。

对绳索抓斗而言,起升和张闭抓斗一般用双钢索操作。挖泥起始时绳索上的抓斗呈张开状态,依靠自重(起升和闭合卷筒同时松闸)抛落到海底,对被挖泥土产生冲击和切削力,随后通过闭合抓斗使其抓取泥砂,继而闭斗、提升、变幅、回转、使抓斗到达泥驳或自载泥舱的上方,开斗卸泥,事毕保持开斗状态回到挖泥作业位置,再次抛斗挖泥(见图2-8)。

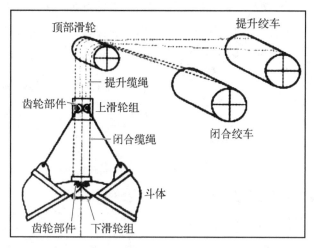

图2-8　绳索抓斗挖泥船双钢索起升张闭斗原理图

抓斗挖泥船特点是操作方便、使用灵活、成本相对低廉,对泥质的适应性强,同时还可兼做起重船,是常用的挖泥船型之一。绳索抓斗和液压硬臂抓斗是目前普遍使用的两种主要形式。20世纪90年代之后,自带泥舱的自航抓斗挖泥船略显上升之势。稍加技术改进的全封闭抓斗普遍用作环保清淤。

二、链斗挖泥船

疏浚开始进入机械化时,链斗挖泥船曾引领世界疏浚业发展近两个世纪。

链斗挖泥船是最早问世的挖泥船型。首艘实用的铁制链斗挖泥船在荷兰面世。此后一个相当长的时间内,链斗挖泥船在动力配置形式(由蒸汽机向柴油机以及柴油机-电动机等转换)、斗桥形式(从单斗桥到双斗桥)船型(由内河非自航到沿海自航)、泥斗的力学性能等方面逐步发展完善,能在更大范围内满足工程作业需要。在近 200 年的发展进程中,各建造厂商都先后形成自己的系列和标准。其功能除了对被挖掘泥土的适应性不断有所改善外,还逐渐在采矿以及环保领域有所突破,链斗挖泥船外观如图 2-9 所示。

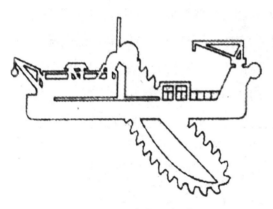

图 2-9 链斗挖泥船外观

链斗挖泥船大多为非自航船,在位于舯前 U 形船体开槽的斗桥上装有一根连续的斗链。斗链在位于斗塔顶部的 5 边形或 4 边形上由滚轮驱动,并在斗桥底部由下滚轮(多为 6 边形或 5 边形)固定。斗链在斗桥下方自由悬垂,在斗桥上方则由导轮支撑,并驱动其绕上下导轮在由下而上的旋转过程中挖出底泥,装满底泥的泥斗经由斗桥到达顶部上导轮部位时,斗内泥土被倒空,并从泥阱经(左/右)溜泥槽卸入紧挨链斗船的泥驳内被运走(见图 2-10)。

泥斗是链斗挖泥船的主要部件之一,也是下拉和泥土相接触并易磨损的部件,担负着挖泥作业的重要使命。传统泥斗形式主要有焊接式、铆接式和铸钢式。内河船较多采用焊接式和铆接式,而钢铸泥斗则采用整体的钢铸件。

与铲斗挖泥船或抓斗挖泥船的主要不同之处在于,链斗挖泥船是由系列泥斗借助斗链绕其上下导轮连续运转的形式实施挖泥作业的。不言而喻,生产效率要高于单斗作业的抓斗挖泥船和铲斗挖泥船。

链斗挖泥船有自航和非自航之分,以非自航居多。非自航链斗挖泥船有着与非自航绞吸挖泥船非常相似的方箱形钢质船体,且船首部位同样有接近半个船长的一段 U 形开槽,用以布放斗链及斗桥,并确保斗桥能在此开槽内上下摆

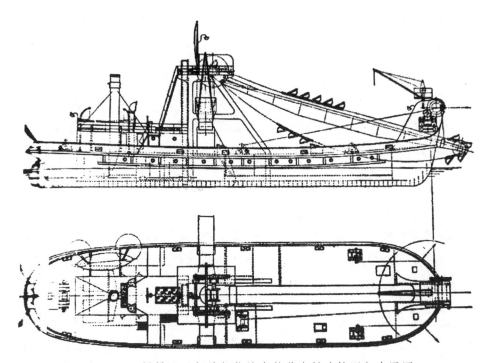

图 2-10　桥槽设于船首部位的自航蒸汽链斗挖泥船布置图

动(调遣时须提升出水面)。链斗挖泥船的动力(自航时包括推进)由最初的蒸汽机,经柴油机、柴油机-电动机,直至柴油机-液压等不同发展阶段,现今液压驱动技术在链斗挖泥船上已得到广泛的应用。

链斗挖泥船的船体属典型焊接、纵骨架结构,其操纵室大都设置在船首龙门吊架的上方,或是右前侧的甲板升高部位,以防阻挡操作者的视线。泥斗借助斗销与斗链相连,既可以是连续布置(即连续斗),也可以间隔布置,视挖掘的泥土性质而定。

链斗挖泥船由于斗桥、斗链、斗塔等一系列重型部件都布置在甲板以上部位,为了有效控制船舶主尺度而又能够获得较大的挖深,斗塔及其上导轮往往都设计得很高,而调遣时斗桥又必须抬出水面,致使船舶重心进一步升高,故设计中对于作业稳性及拖带稳性必须给予足够的重视。

由于链斗挖泥船甲板布置具有诸多特点,与非自航链斗船相比,自航链斗船的艏、艉不得不倒过来，变非自航船型的船尾部位为船首并予以线型优化，既有利于阻力改善，也有利于航行视线。

三、铲斗挖泥船

铲斗挖泥船分为正铲挖泥船与反铲挖泥船两种。从 20 世纪 70 年代开始，随着液压技术的发展，液压铲斗挖泥船在大小疏浚工程中逐渐崭露头角，发挥着重要作用，在一些国家的基建施工船队中显得更加活跃。

铲斗挖泥船是一种采用单斗作业的挖泥船，与同为单斗作业的抓斗挖泥船动作原理不相同，铲斗挖泥船对于泥土施与的铲掘力比抓斗挖泥船明显要大。它可将全部功率使用在单个铲斗的斗刃上进行其他挖泥船难于胜任的特硬泥质的挖掘（如水下岩礁清理）。

现代铲斗挖泥船采用液压驱动，多在陆用铲斗挖掘机的基础上装船应用。铲斗机大多装于甲板前沿，为增大挖深，其安装底座通常低于船舶主甲板。正铲挖掘作业由动臂和斗杆上的液压缸控制。现今液压铲斗挖泥船中，正铲实际采用得很少，往往只在水深不能满足船舶吃水要求的浅水情况下才用到，通常业界多将反铲挖泥船称为铲斗挖泥船。

早期的铲斗挖泥船曾以蒸汽机为动力，直到 20 世纪 70 年代，柴油机动力用于正铲斗挖泥船。由于操作程序繁复，生产效率较低，已日渐式微，被技术先进、操作灵便的陆用液压铲斗机机型所替代，现代疏浚工程中已经很难见到这种老式正铲斗挖泥船的身影。然而，在液压机械技术面世以前的年代，这种超长斗柄的老式铲斗挖泥船在亚洲，尤其是在日本应用相当普遍，它的斗柄安装在吊杆的某一点上，除了能绕水平轴上下转动外，还可以沿自身方向伸缩，起升钢缆通过滑轮组来控制斗柄的升降。

现代液压技术的发展给铲斗挖泥船赋予了新的生命力，但由于该类型船机械设备技术的复杂性（尤其是液压、电子设备），维护、检修的难度相对要大，停工时间亦较多，一定程度上影响了该型船的推广应用，在技术欠发达国家，问题尤显突出。

铲斗挖泥船型为钢质、方箱形船体的非自航挖泥船，艏、艉切斜以利于拖带，长宽比为 2~4，甲板上设有甲板室。因其采用单斗而非连续斗作业，使其能够集中全部功率在一只斗的斗刃上，故特别适合挖掘硬质土乃至岩石；由于铲斗挖掘作业时（无论正铲或反铲）会伴随产生巨大的水平方向（而非垂直方向）的作用力。因而，该型船采用 3 桩定位，即在船的前面两边各安装一根固定钢桩，艉部则在中央开槽内安装一根活动钢桩（该活动桩兼有前后移船功能），正是这 3 根插至泥底并产生足够固定力的定位桩，足以抵御挖掘所产生的水平方向作用力。作业时通过船体传递过来的水平分力会使定位桩产生巨大的弯曲应力，加之风浪流的影响，因此定位桩必须有足够的强度和刚度。铲斗挖泥船亦有 4 桩定位的情形，但不多见。

铲斗挖泥船通常按斗容的大小来表示生产能力，如 8 立方米铲斗、30 立方米铲斗等。迄今世界上铲斗挖泥船的最大斗容为 40 立方米。该型船因受定位钢桩长度以及斗柄、斗臂长度（臂距）等制约，与绞吸挖泥船一样，即使目前最大、最现代化的铲斗挖泥船，其挖深也未曾突破 40 米。

铲斗斗齿多采用镍铬钼钒钢，耐磨性显著提高。现今铲斗挖泥船均配置有各类指示仪表以及水下显示仪等先进操控仪表，挖掘作业的精准度显著提高。

第三章
挖泥船专用设备

为进行挖泥疏浚工作,挖泥船有一些特殊专用设备,对这些专用设备的开发和应用是挖泥船顺利工作和提高工效的关键,直接关系到挖泥船的使用效果。因此,研制挖泥专用设备的技术十分重要。

第一节 泥 泵

泥泵是挖泥船上的关键设备,用于吸入江河湖海底部的泥浆,排放到一定距离外的岸上或船上泥舱,历来被视为是水力式挖泥船的核心组成部分。为了吸得上且排得远,除泥泵本身要有较大的吸入能力和排出压力外,泥泵在舱内的位置和管路布置也要满足一定的要求:一是尽量安装在最低的位置;二是管线的阻力应尽可能小,特别是吸管要短、弯管半径要大;三是转向要与管路中弯管段引起混合物的转向保持一致。泥泵(见图 3 - 1)有单壳泵、双壳泵。

如今泥泵在材质的耐磨特性、内部构造、过流能力等诸多方面较早前的泥泵都有了重大改进,使得泥泵效率显著提高。20 世纪 70 年代,中、小型挖泥船上泥泵效率普遍只有 $50\%\sim60\%$,大型船上也不过 70%。现今国外著名挖泥

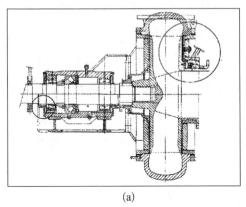 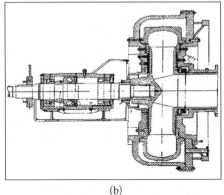

(a) (b)

图 3-1 泥泵内部结构
(a) 单壳泵;(b) 双壳泵

船建造厂商所生产的泥泵,其效率普遍达到85%以上,荷兰IHC公司安装在特大型以上绞吸挖泥船上的泥泵效率号称接近90%。

一、泥泵性能特点

1. 耙吸挖泥船用泥泵

耙吸挖泥船的泥泵有两个功能,先是把泥浆从船底外吸入排到船上的泥舱中,然后在船到达排放位置时,将泥浆从泥舱中吸出排至驳船或岸上。

现代泥泵从离心式水泵发展而来,它需要适合输送泥砂和水的混合物,甚至带有一些小石块等固体物质。因此泥泵的叶片数较少,且采用较厚的叶片和边壁,在内部结构上,泥泵与水泵其特性的最大差别在于相同流量其内径尺寸较大。

全世界土壤的种类千差万别,被疏浚的物质中也可能存在各种废弃物,因此泥泵在工作时,输送的混合物特性对泵的性能有极大的影响。泥泵与水泵最主要的差别除内径大、叶片数较少外,叶轮与蜗壳之间的分水舌间隙较大,可保证砾石和垃圾能通过泥泵而不致造成堵塞;在泵壳设计时,为耐磨采用较厚的边壁,且水力设计时在满足耐磨性要求下追求最大的效率;叶片设计时采用较厚叶片以提高其耐磨性,叶片间避免重叠以便使混合物获得平顺的通道,减少混合物与叶片的接触而导致叶片磨损。由于固体颗粒会使泥泵磨损和冲蚀增大,一般要求泥泵采用硬度较高的特殊材质。同时,因为部件磨损破坏较快,所以泥泵结构要设计得便于维护和更换零部件。在泥泵的研发设计中还综合考虑了这些特性,包括对叶轮两侧的密封和吸口密封圈可采用水冲洗,为了增加耐磨性而采用的特殊合金,以及为了增加安全性并使工作压力和使用寿命最大化而采用的双泵壳等。

耙吸挖泥船的船用泥泵既要满足挖泥装舱工况低扬程的需要,同时也应具备抽舱吹岸工况高扬程的需要。通常的做法是,针对两种工况泥泵可采用不同的转速:装舱时转速较低,一般不超过 200 转/分;吹岸时转速较高,接近300 转/分。耙吸挖泥船以挖泥装舱为主,两种工况下的泥泵转速都低于绞吸挖泥船用泥泵的转速。

2. 绞吸挖泥船用泥泵

绞吸挖泥船的泥泵不同于耙吸挖泥船所用的泥泵。绞吸挖泥船总产量不可避免地要受到泥泵球形通道和吸入能力的影响,所有这些需在设计中加以仔细考虑,并逐一解决。

对于绞吸挖泥船高效专用泥泵而言,需重点解决的是尽可能形成大的球形通道和良好的吸入能力,要求泥泵在球形通道和吸入能力限制条件下使效率达到最大化。对于专为输送岩石而设计的泥泵来说,球形间隙是最重要的设计参数。经验表明:球形通道至少要等于吸口直径的 50%,尽量减小不平衡的力,并使球形物能够通过叶轮吸口排放,而通道最小处位于叶片通道的入口处。

与所有水力式挖泥船一样,泥泵对于绞吸挖泥船来说,同样处于核心地位,尤其是在采用排泥管线输送泥砂的情形下,泥泵在挖泥作业(挖、运、卸)的全过程都在连续不断地运转,一旦泥泵发生故障,整个生产作业都不得不因此而停顿。

流量、扬程、功率/转速以及排泥距离等各项参数,是泥泵设计中的关键要素,也是其重要的性能指标,其扬程必须足够克服各种阻力,包括在泥泵额定工作范围内的加速水压头和高度差。对于专为输送岩石设计的泥泵来说,球形通道是最重要的设计参数。

二、泥泵类型

1. 舱内泥泵和甲板泥泵

绞吸挖泥船在发展初期,泥泵均与动力设备一起设置于机舱内,谓之舱内泥泵。为了增大排泥距离,接力泵站在一些大型充填项目中开始获得应用;再以后,为更有效地提高绞吸挖泥船的产量和增大排距,舱内设置双泥泵的情形渐渐增多;随着驱动技术的提高,除了舱内泵以外,以电轴驱动的甲板泵也陆续投入使用,近年来国内大、中型绞吸挖泥船和斗轮挖泥船上不乏甲板泵的使用(见图3-2)。

图3-2　大型绞吸挖泥船"新海鳄"号

安装舱内泵时应尽可能缩短吸泥管线的长度,使舱内泵置于水线以下较低的位置,即尽可能贴近船底安装,使吸管入口处吸入空气的概率降至最低。在有两台舱内泵的情形下,确保第一台舱内泵具有良好的吸入性能至关重要,务必使其具有较高的真空极限值或具有较低的气蚀余量。

所有装船的泥泵均需有检查窗口，以便对泵和叶轮进行检查，必要时清除杂物。

2. 水下泵

水下泵的应用及研究是随着疏浚业的发展和实践不断地变化。

1959 年荷兰教授 Jande Koning 获得了水下泵发明专利，次年着手在耙吸挖泥船上推广应用，以期增大挖深度和提高产量。然而在当时的技术条件下，无论是水下泵的外形尺寸还是整体重量都使得水下泵的应用在耙吸挖泥船上难以达到预期目标。单根耙管会因为笨重的水下泵装设而弯得"直不起腰来"。

耙吸挖泥船的耙管实际是一根挠性构件。初期，笨重的水下泵装在耙管水下段，无论安装还是运行均难以奏效。为使水下泵具有更好的应用环境，经改进的现代水下泵实际上是水下泥泵和潜水电机的结合（无须通过齿轮箱和联轴器），并具有同一转速。这种机、泵一体化的设计具有良好的重量强度比，使得整体重量明显减轻。对日益大型化的水下泵来说，"瘦身"是成败的关键之一，20 世纪 90 年代以来，新型水下泵在深海取沙工程中渐次取得突破，1998 年 IHC 公司设计的"Volvox Teranova"号单边耙吸挖泥船水下泵功率高达 600 千瓦，挖深达 105 米；2000 年 VOSTA‑LMG① 公司在"Vasco da Gama"号上采用的两台水下泵皆由充油电动机经减速装置驱动，而泵的传动速度采用先进的变频装置调节，每台泵功率达 500 千瓦，挖深达到 141 米；2008 年，扬德努集团新设计的巨无霸——46 000 立方米耙吸挖泥船的挖深再次取得突破，创造了 155 米的挖深纪录。

随着对挖深和产量要求的不断提高，促使水下泵在耙吸挖泥船上获得广泛应用，也促进挖泥船技术走向更高层次。20 世纪 70 年代初，德国 O&K 公司在绞吸挖泥船"SRULERV"号上装设水下泵的尝试终获成功。该水下泵装在

---

① 德国挖泥船及设备制造厂商。

桥架位于水下的 16 米深处,泵的总压头为 22 米水柱,使该船最终挖深达 40 米。随后,荷兰在"三角洲计划"的施工中再次采用 O&K 公司的水下泵,结果进一步表明:在泥砂含量为 50% 时,挖深反增至 50 米。尽管当时水下泵的重量依然不轻,但承载水下泵的不是单根耙管,而是刚度比耙管要强得多的绞刀架,使得水下泵在绞吸挖泥船上的应用迅速得到推广,并在提高产量和节省功率等方面获利。

而今绞吸挖泥船上所采用的水下泵与耙吸挖泥船上采用的水下泵实际上并非一回事,目前耙吸挖泥船上采用的是机、泵一体化,体积小且重量轻的电驱动水下泵,造价相对昂贵。而绞吸挖泥船水下泵和驱动系统是相对独立的两个部分,驱动系统大多设在水面以上或者在密封舱内,但也有采用潜水电动机于桥架上的驱动形式。

第二节　耙　　头

耙头是耙吸挖泥船作业中与水下被挖掘泥砂发生接触的机械部件,形象地说,耙头犹如一个人的嘴巴,耙管好比咽喉,泥泵及其驱动系统宛如心脏,而硕大的泥舱及其各类吸排管系统有如肠胃,所有泥砂都得由泥泵抽吸,从耙口吸嘴、吸管送入泥舱。耙头与泥泵同属疏浚系统中关键设备,从它们迄今所享有的专利数量便可看出耙头的关键作用。

泥水混合物能否顺利吸入,泥泵的真空吸力是关键。而耙头的功效之一是必须能够破坏各种土壤的凝结。挖掘过程中可以利用冲刷、机械作用或两者兼而用之完成。一个成功的耙头,不仅意味着吸入浓度高,对不同泥质挖掘的适应性强,单位时间内的挖掘产量高,而且还应使耙挖时产生的阻力尽可能小,以降低挖掘功率,延长使用寿命,使综合经济效益达到尽可能完美的境界。因为当船处于 2 节~3 节航速挖泥作业时,耙头的阻力已上升为阻力的主要成分,明显大过船体阻力,这就要求不断提高耙头设计制造的技术含量。长期以来高效耙头一直是国内外疏浚界重点研究的对象之一。

一、耙头的主要类型

100多年来,随着耙吸挖泥船的不断开发和进展,其中耙头的形式也不断改进和更新,从老式的弗路林钩形耙头、安布罗斯鞋形耙头到加利福尼亚型耙头(见图3-3)以及 IHC 公司活动罩式耙头等,并逐步发展到今天利用耙齿切削和高压冲水疏松水底泥砂的新型主动耙头。以往使用过的多种耙头一直在不断发展和演变,其中沿用时间最长的要算加利福尼亚型耙头。

图3-3 加利福尼亚型耙头实物

该耙头早期由美国人发明,其特点是活动罩壳可根据不同挖深自动调节,经不断改进沿用至今,这种耙头现今主要用来对付高度密实细沙及高黏度土质。荷兰 IHC 公司和德国 LMG(O&K 前身)公司均在原有加利福尼亚型耙头的基础上进行了多项革新,形成了各自的加利福尼亚系列耙头。

除了加利福尼亚型耙头以外,IHC、O&K 公司还拥有各自开发的耙头,这就是通常所说的 IHC 系列耙头及 VWD 系列耙头（适合于挖淤泥及一般沙土），后者是一种具有扁平调节罩的各种高压冲水或非高压冲水耙头。

除了上述耙头以外，采用较多的还有文丘里耙头、淤泥耙头等。长期以来，荷兰 IHC 公司及德国 O&K 公司在耙头研究及推广应用方面取得很大成效，现在国外大型耙吸挖泥船上所配备的耙头几乎都是这两家厂商的产品（见图 3-4～图 3-6）。

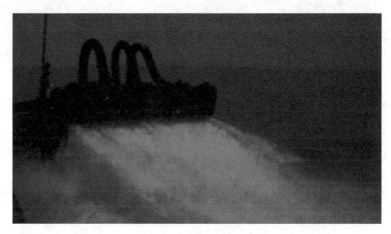

图 3-4　荷兰 IHC 公司开发的"威龙"耙头

图 3-5　德国开发的高效喷水耙头

图 3-6　荷兰 IAC 公司历年开发的部分高效耙头

我国疏浚界在多年工程实践中也对加利福尼亚型耙头进行了改进和创新,如"通途"号上已应用我国自己研制的高效耙头。为使耙吸挖泥船对不同泥质具有更好的适应能力并保持尽可能高的生产效率,大多数耙吸挖泥船上都同时配备两种不同功能的耙头以备不时之需。事实上,具有实力的疏浚公司都有适合自己使用的耙头。

二、耙头的基本构造

现代耙头的基本构造由两大部分组成:耙头本体和由液压油缸推动的活动罩壳,液压油缸由舱内的液压泵驱动,活动罩壳确保耙头在不同挖深下均能更好地与泥层表面贴合。耙头前端装有一块可调节角度的进水挡板,借以调节海水吸入量,改变吸泥面的压力,以确保高浓度泥浆吸入。可调的活动罩壳向上翻转的角度可达到 50 度以上,以便在不同水深下均能有效地调节角度,使泥浆吸入量得到提高。为了与以往的常规耙头加以区别,人们已习惯于将这种耙头称为主动耙头。IHC 公司在 1980 年前后就已成功研制出这种主动耙头,并在不断完善。耙头罩壳上根据需要还可加装可调齿排,并采用插座式耙齿安装,便于耙齿更换,这与绞刀刀齿的安装颇为相像。耙头的易损部件[如紧贴泥土的耐磨块(见图 3-7)],均采用高性能耐磨材料(如HARDOX),同样也便于更换。

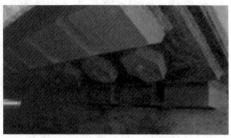

图 3-7　耙头底座的结构形式

高效耙头与高压冲水的配合使用也是当今耙吸挖泥船的重要特征之一,耙头上的高压喷水及耙齿可有效地疏松板结的泥层,以使泥泵的吸力可以全部用来吸入高浓度泥浆从而获得更高的产量。

普遍加装便于更换的耐磨材料易损件,满足用户的各种实际需要,非标配的新型耙头开发从来也没有停止过。在现有泥舱舱容 10 000 立方米以上的大型耙吸挖泥船上,耙头宽度普遍在 6 米以上,最大宽度达 9 米,重量视其种类不同一般为 10～50 吨。IHC公司研制的"威龙"型高效耙头,在大、中型耙吸挖泥船上广泛采用。我国 2002 年引进的 12 888 立方米耙吸挖泥船"新海龙"号以及后来进口的"长江口 01"号和"长江口 02"号耙吸挖泥船上都装有这种新型耙头,使用单位认为,该型耙头特别适合长江口泥砂的挖掘。

第三节　绞　　刀

绞刀是绞吸挖泥船的关键部件,绞刀设于绞刀架的前端,可随绞刀架作上下或横移运动。作为切削部件,绞刀在动力(液压或电动)驱动下,绕其自身轴转动,并借助横移锚缆绞车的拉力,使其贴近泥面连续不断地切削左右泥层,每次切削厚度内泥质特性、挖泥功率的大小等因素而定。被切削下来的泥砂沿着刀片的螺旋走向汇集于吸口附近的腔内,形成的泥水混合物被泥泵经由吸管吸入,并通过水陆排泥管排至卸泥区域。

一、绞刀结构

绞刀头是绞吸挖泥船的重要挖泥设备,其主要部件是可转动的绞刀头安装在绞刀架的最前端。它由绞刀座、绞刀片组成。在齿式绞刀上装有可拆卸(更换)的"牙齿"(有的三者结成一体)。绞刀座多为铸钢或铸钢焊接组合,刀片及刀齿为耐磨的合金钢或锰钢等制成,绞刀头与传动轴相接,刀片一般为4～6片,成螺旋状安装在绞刀座上。

二、绞刀作用与要求

1. 绞刀的作用

绞刀主要体现在能切割河床土壤,使之破碎;并能使破碎的泥土(沙、石)与水相混,送往吸口。

2. 绞刀的设计

绞刀能挖掘各种土质,如泥质、沙质、硬性沙土、岩石等;既能切,又能碎,以保证泥土(沙石)和水能最大限度地混合;由于泄漏量小,吸入阻力和造成堵塞的可能性小;所需切割功率最小;挖泥船在不同工况时,绞刀与绞车、泥泵等匹配良好;此外,结构简单,建造拆卸方便,磨损后容易更换修复,耐用寿命长。

以上各点往往是相互制约的,在设计中要依具体条件有所取舍,求得平衡。一般绞刀是按不同土质及不同挖深而设计的,有些船配有多个绞刀以适应各种不同工况。

3. 绞刀的几种形式

最早的绞刀,一般说是在 1863 年设计的,百余年来,新颖的绞刀不断出现。螺旋状刀片、无底斗轮和各种带齿绞刀。近年来多用铁刀式切削挖泥的绞刀,目前通用的绞刀形式可分为以下几种。

1）开式绞刀

这种绞刀见[图3-8(a)]，其特点是结构较为简单，制造较为方便，但其刀刃呈直线状，刀片呈平板状，故切削率较低，且该类绞刀的前端开口较大，不易把泥土破碎，泥浆浓度低。另外，由于开式绞刀的长度比直径大，这样虽可增加前移距，但泥泵对泥浆的抽吸能力相应减少，端部有被黏土堵塞的可能。因此这种绞刀仅适合于挖掘非黏性土壤，或者比较适宜于在浅水处挖松土。

2）闭式绞刀

闭式绞刀如图3-8(b)所示，其外形如冠故又称皇冠式绞刀，或僧帽式绞刀。这种绞刀的刀片前端与轴毂相连，刀片的后端连接于座上，刀片呈蝶旋形，如同篮状，故又称篮式绞刀。另外，为防止堵塞，改善大深度挖泥效果，把闭式绞刀的前端直径加大，以增加端部刀片的空隙。

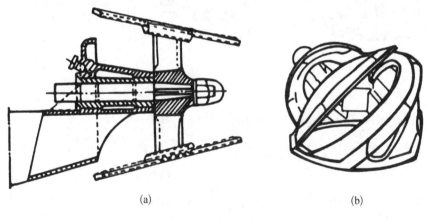

(a)　　　　　　　　　　　　　　　(b)

图3-8　绞刀形式
(a) 开式绞刀；(b) 闭式绞刀

闭式绞刀的结构比开式绞刀稍微复杂。由于前端有刀片，破碎性能较强，且内腔没有开式绞刀的轮辐条，因此，有利于泥浆的吸入。在一般的设计中，闭式绞刀的长度比直径要小，正好与开式相反，因此更有利于吸入泥浆，从而提高生产率。

闭式绞刀的刀片上一般都镶有切削刃，借以在磨损后便于更换，刀片常用焊接与本体相连。近年来大多采用小螺旋角（45度），这样便于刀片与轴毂相连,且绞刀装置受力均匀。

闭式绞刀的刀刃与开式的相同,仍为平刃形,故破碎能力也不大,但在开挖黏土时比开式较为适应。

3) 齿式绞刀

齿式绞刀是开式绞刀和闭式绞刀的变形,是在刀片上装上牙齿,有的则把刀片的刀刃口做成牙齿形状(见图 3 - 9),齿式绞刀可挖黏土、硬土,甚至母石、岩石等,此种刀结构形式较多,国内采用的也不少。

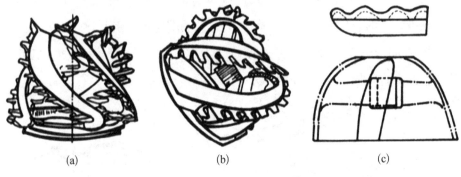

(a)   (b)   (c)

图 3 - 9　齿式绞刀的形式

曾在国内某吸扬式挖泥船做过实船试验,用闭式绞刀挖黄色黏土时,生产量为 22.74 立方米/小时,而在原绞刀上焊齿后挖掘同样土质时,生产量可达 45 立方米/小时,提高了 97.8%,当然该绞刀负荷也相应有所增加,图 3 - 9(a) 所示的绞刀,其刀刃呈锯齿形,可挖黏土和胶结沙等,由于齿刃较宽也适于挖松土质,目前在国外使用渐多。图 3 - 9(c)所示的绞刀也称为球锥形绞刀,系 20 世纪 50 年代苏联研制,其刀片刃口呈波浪形,因此强度较好,碎土能力也较强,这种形状不但符合吸口吸入速度场理论所要求的形状,而且对不同挖深适应性较好。根据国内实船试验结果,此种绞刀对黏土和胶结沙等土质较为适应,但从结构上看,端部螺帽太大内腔间隙较小,尚需进一步改进开式绞刀、闭式绞刀、齿式绞刀属基本形式绞刀,齿式绞刀在国内挖泥船上均有采用。为进一步提高泥浆浓度,改善切削性能,提高挖泥率,目前国内外还研制了其他形式的绞刀。

第四节　定　位　桩

定位桩又称定位钢桩,是用来固定船舶位置,配合挖泥作业的装备,也是挖泥船上一项关键的通用设备。桩的大小尺寸与船体主尺度、挖掘深度以及受力情况等相关联。桩体内部通常注入水泥等重物,以降低重心和增大插入泥层时的贯入量,桩脚部位呈尖状,有利插入泥层。定位桩主要承受弯曲应力的作用,有如一根悬臂梁,壁厚根据强度计算加以确定。

定位桩是该系统的主要组成部分,除了桩本体外,其余组成部分还有桩的提升机构、桩架以及倒桩机构,依各地区的使用习惯呈现多种样式。

现今绞吸挖泥船上最常采用的定位桩系统是传统的固定桩腿定位桩和移动台车式定位桩。船上通常设有三根定位桩:一根工作桩、一根辅助桩以及一根备用桩。当船处于调遣状态下,主、辅桩需放倒搁置于机舱棚顶部两侧。

一、传统定位桩

传统定位桩亦称固定钢桩系统,其工作桩、辅助桩以及收放系统对称布置于船尾两侧,两桩与船的中心线等距离设置。之所以称为固定钢桩,是因为钢桩在船尾设定位置上只能够沿桩架上下运动,交替插入泥层使船步进,而不能水平行走。为了移动挖泥船,必须提升钢桩,图 3-10 所示即为早期较常用的几种钢桩提升方式。

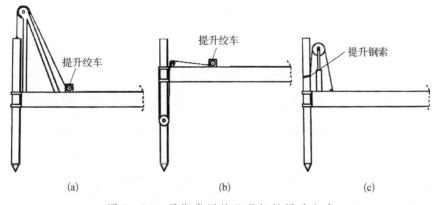

图 3-10　早期常用的几种钢桩提升方式

二、台车式定位桩

台车式定位桩是现代出现的一种先进的定位形式,一套带有定位桩行走机构的液压台车,它安装于船尾中间的开槽部位,工作桩位于台车之上,由位于轨道上的4个滚轮所支承以承受垂直力,并由导轮承受横向力。在液压油缸推动下,桩腿能沿中心线步进,油缸行程通常在4～6米范围内,现在大型以上绞吸挖泥船中,最大行程已达9米,辅桩依然设于船尾一侧(见图3-11)。

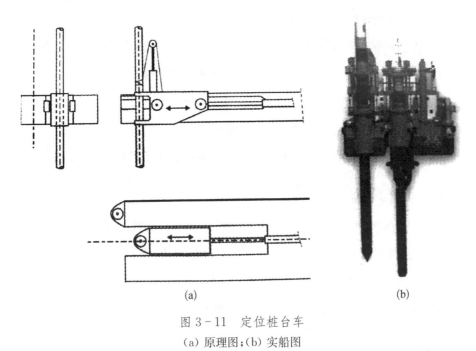

(a) (b)

图 3-11 定位桩台车
(a) 原理图;(b) 实船图

新一代自航绞吸挖泥船上的液压定位桩台车不仅能够自行倒桩,而且还具有可挠性,即可变刚度,尤其是在面对海浪汹涌的恶劣海况下,这一突出优点使海上作业的大型绞吸挖泥船性能增色不少,是现代创新的绞吸挖泥船重要特征之一。对两艘具有相同尺度和功率而定位桩形式各异的绞吸挖泥船,在给定作业边界条件下进行对比,结果表明:采用定位桩台车的绞吸挖泥船,较之采用固定桩的绞吸挖泥船能赢得更多的有效挖泥时间并有效提高了生产率,所以深受用户欢迎。

另外台车式定位桩除了通常设于船后中间开槽位置外,还可以处理成独立浮体的钢桩台车单元,作为一个独立浮体,通过刚性连接固定于绞吸挖泥船的艉端,这种方式有望提高台车系统的工作效率,并增大挖宽,这种形式在国外(尤其美国)较为常见,它几乎具备与绞吸挖泥船同等大小的尺度,在需要的场所,刚性连接在绞吸挖泥船后,这种装备被称为定位桩驳船,其好处是作业时能借此获得更大的挖宽和挖掘效率,前提是作业水域必须足够宽敞(见图3-12)。

图3-12　后带台车式定位桩的绞吸挖泥船

2002年我国出口越南的1 500立方米/时绞吸挖泥船,在设计上就采用了船后加接定位桩台车(见图3-13)。

图3-13　1 500立方米/时绞吸挖泥船船后加接定位桩台车

在最新的绞吸挖泥船"天鲲"号上还配备了油缸式柔性重型钢桩台车系统，可适应 3 米高的波浪。柔性重型钢桩台车主要针对绞吸挖泥船在恶劣环境施工时钢桩定位能力弱的问题通过开展绞吸挖泥船多点约束下的运动、载荷计算模型和柔性缓冲的机理研究，开发的四油缸、柔性缓冲、滑块式重型钢桩台车，使得适应船舶纵摇的能力由 1 度增加到 4 度，增强了绞吸挖泥船恶劣海况下的适应性、可作业性和安全性。

第五节　我国疏浚专用设备的研发和制造

为了打造更加实用的挖泥船"中国心脏"，泥泵坚持自主研发，中国船舶及海洋工程设计研究院与清华大学、河海大学、武汉船用电力推进装置研究所、石家庄强大泵业集团共同组成联合攻关小组进行研究和技术创新，如今已结出了丰硕果实，泥泵的研发已经申请国家专利 22 项，被授予 15 项，这是中国疏浚专用设备研制的缩影。

艰难的研制时期是 20 世纪 60 年代初期，在物质条件十分匮乏的情况下，上级主管单位领导高度重视，大力支持造船行业，国内第一个挖泥船技术试验室——第六机械工业部第七研究院第七〇八研究所特种挖泥机具试验室建成使用，在简陋的疏浚试验室里经过多年模型试验和实船试验，研制了不少新型挖泥设备工具如开发的 DB 型耙头，并成功地应用到国内建造的 4 500 立方米、1 500 立方米、800 立方米、500 立方米、12 000 立方米耙吸挖泥船上。尤其是在出口泰国的 800 立方米对开耙吸挖泥船上，采用国产改进的加利福尼亚型耙头，在泰国施工生产效率很高，船舶所有人非常满意。该船获得上海市科技进步二等奖。

该试验室规模虽小，但装备配置来之不易，还配有一个小型泥砂底质试验水池，在其后将近 30 年的发展中，该试验室先后成功研发了 40 余型各种规格的泥泵、泥斗、绞刀、抓斗、吸盘头及耙头等挖泥机具,还有特殊的零部件如斗齿、斗销等,有力地支持了各地的疏浚用户。同时为配合多种新船型机具的开发做了力所能及的探索、试验和验证,为我国挖泥船专用设备建设做出了突出的贡献。

　　中国船舶及海洋工程设计研究院最早研制开发的挖泥机具部分配套系列产品(见图3-14)中,有耙头系列、泥泵系列、斗轮系列、液压泵站、锥阀泥门、水下监视仪、液压闸阀、泥舱内溢流装置、耙头吊架系统等。

<table>
<tr><td>耙头系列</td><td>泥泵系列</td><td>斗轮系列</td></tr>
<tr><td>液压泵站</td><td>锥阀泥门</td><td>水下监视仪</td></tr>
<tr><td>液压闸阀</td><td>泥舱内液流装置</td><td>耙头吊架系统</td></tr>
</table>

图3-14　该院最早研制开发的挖泥机具部分配套系列产品

该院在承接中港疏浚的挖泥船改造过程中,根据用户的要求及黄骅港工程施工的需要,在中港疏浚公司(上海航道局)的合作下,研制出 DN900 系列新型高效主动耙头,在疏浚装备技术上取得一项重大突破。研制的新型耙头耙管,已用在 16 888 立方米巨型耙吸挖泥船"新海凤"号上,提高了挖泥效率。同时还开发研制了绞吸挖泥船用的大功率绞刀等,取得良好的使用效果。

一、研制高效主动耙头

在世界疏浚行业耙头新技术不断发展和开发长江口、黄骅港等疏浚工程的背景下,上海航道局委托中国船舶及海洋工程设计研究院设计共同协作研究试验开发中国自己的耙头取得了明显的社会效益和经济效益。从 2002 年 8 月至 2003 年 5 月共设计制造了 6 型 8 只耙头。

这些耙头中两只Ⅱ型耙头(见图 3 - 15)是为 13 000 立方米大型货改耙"新海鲸"号专门设计制造的。2003 年 1 月在洋山港施工,挖掘中细砂时,泥浆浓度较高,容重达到1.3～1.4 吨/立方米,效果良好。

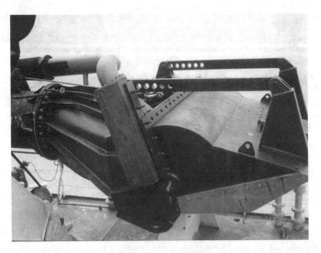

图 3 - 15　Ⅱ型耙头

Ⅲ型耙头是为"4009"轮(日本 1979 年建造)改造专门设计研制的(见图 3 - 16),共两只,用以替代原加利福尼亚型耙头,以适应黄骅港难挖的土质,

2003年1月在黄骅港施工泥浆容重达到1.1吨/立方米,在长江口挖密实细砂泥浆容重达到1.2吨/立方米。

图3-16　Ⅲ型耙头

　　Ⅳ型耙头是为"4006轮"(日本1975年建造)改造专门设计研制的(见图3-17),共两只,在Ⅲ型耙头的基础上对耙齿、喷嘴块做了改进,2003年3月在黄骅港施工,泥浆容重达到1.1吨/立方米以上,其挖泥效果比Ⅲ型耙头更好。

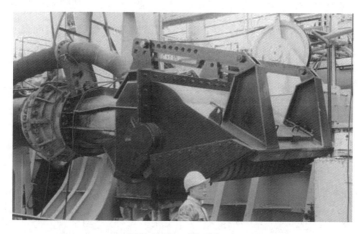

图3-17　Ⅳ型耙头

　　Ⅴ型耙头是在Ⅱ、Ⅲ、Ⅳ型耙头的基础上对高压水箱、侧面密封板等的进一步改进(见图3-18),安装在"4006"轮上,也达到预期效果。

图 3-18 Ⅴ型耙头

"4009"轮、"4006"轮耙头改造,以其实船挖泥作业的效果,获得了黄骅港工程监理的认可,确保上海航道局在当地承揽工程的能力和地位。

以上Ⅱ→Ⅴ型耙头采用顶杆插销形式,结构简单,动作可靠,但是耙头活动罩的调节完全依靠人工按不同挖深加以调整,操作人员劳动强度大,潮差变化适应性差,操作很不方便。

Ⅵ型耙头用液压数显油缸代替人工调整,通过数显传感可以在操纵室直观看到耙头接触水底泥面的情况,并随时加以调整使之保持与泥面紧贴,目前数显油缸已由国内油缸生产厂商研制成功,并通过试验验收,整个耙头在制作中,其挖泥性能和操纵控制性能更优于前面四种型号(见图 3-19)。DN900Ⅱ～DN900Ⅵ型耙头主要参数如表 3-1 所示。

表 3-1　DN900Ⅱ～DN900Ⅵ型耙头主要参数

耙头型号	DN900Ⅱ	DN900Ⅲ	DN900Ⅳ	DN900Ⅴ	DN900Ⅵ
调节罩角度调节	手动式	手动式	手动式	手动式	液压式
冲水水箱	一体式	一体式	一体式	分离式	分离式
耙头重量/吨	13	13	13	10	14
建造时间	2002.10	2003.2	2003.2	2003.7	2004
使用船舶	新海鲸	4009	4006	4006	新海鲸
曾参与工程	洋山、黄骅、长江口	黄骅	黄骅	黄骅	长江口

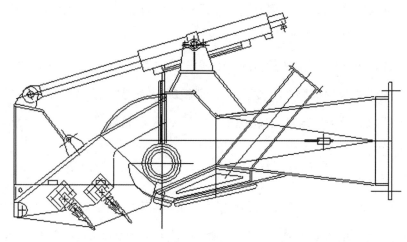

图 3-19　Ⅵ型耙头设计图

在消化吸收国外数显耙头的照片、草图和资料的基础上,中国船舶及海洋工程设计研究院在研制中还做了很多技术创新。

1. 水下数显油缸的研制

作为耙头的动作执行原件——水下数显油缸是一个关键,因其长期处于水下泥水中还要显示行程,故不能采用常规油缸产品,其主要规格如下:

缸径/杆径为 $\phi180/\phi125$ 毫米;行程为 1 100 毫米;工作压力为 16 兆帕;试验压力为 24 兆帕。

水下数显油缸的主要特点:一是活塞杆除采用不锈钢制作外,镀镍,镀铬,以防海水腐蚀。二是缸体与活塞杆采用特殊密封结构,防泥水进入造成腐损。三是采用中间绞轴的结构形式,便于油缸数显传感器的安装和拆修。四是采用德国 BALLUFF 公司的油缸行程传感器,测量精度±100 微米,满足使用要求。五是传感器加防水罩壳和水密电缆接头。再配上显示器和液压泵站,就能完成耙头活动罩角度的遥控调整和显示。

2. 可拆卸式耙齿和可调式横梁

耙齿直接与泥面摩擦,中国船舶及海洋工程设计研究院采用了可拆卸式耙齿,可以及时更换被磨损的耙齿,且拆装方便,此外安装耙齿的横梁也采用螺栓联结的可调节结构,可以根据不同的土质调整耙齿前后位置,也可以采用不同的耙齿组合以满足挖泥航行拖曳力的要求。

此外,1990年,该院研发团队在开发双向犁形耙齿的基础上,又开发了单向犁形耙齿,供13 000立方米大型耙吸挖泥船"新海鲸"号上使用,挖泥浓度明显提高,这类型耙齿在国外文献中从未见报道,对挖掘硬质土特别有效。

3. 耙头水箱的结构优化

从荷兰IHC公司进口的"新海龙"号的耙头,其水箱内壁就是耙头固定体,因水箱内无肋板,在耙头拖曳时产生的巨大拉力使耙头变形,水箱焊缝容易破裂,严重影响高压冲水效果,此外由于水箱内部积水无法排尽,采用补焊也不牢固,研制组对水箱加肋板以增加强度,水箱先独立制作,经水压试验后再焊到耙头上,即使变形也不会影响水箱的密封效果。

在研制耙头过程中,研发团队用数值分析方法系统地开展了耙齿类型、耙齿贯入深度、高压冲水、对地压力、航速等不同因素对挖掘能力影响的研究,利用模型试验进行相关技术验证和改进,开发了双排齿、五排冲水的高效主动耙头等(见图3-20、图3-21),大大提高了挖掘能力和泥浆浓度。

图3-20 双排齿耙头

图 3 - 21　五排齿耙头

二、研制大型高效泥泵

研发团队通过三维建模、水力性能模拟计算,结合泥泵的气蚀性能与耐磨性能,进行了泥泵叶片的优化设计,开发了曲线叶轮的泥泵(见图 3 - 22、图 3 - 23),提高了泥泵的吸入性能,泥泵效率达到 88%。

图 3 - 22　曲线叶轮泥泵 1　　　　　图 3 - 23　曲线叶轮泥泵 2

三、研制耙臂水下泵的应用

研制组对不同挖深下采用耙臂水下泵的装舱时间进行了分析(见图 3-24、图 3-25),与舱内泵比较,挖深越大,减少装舱时间的效果越明显,也提高了挖泥浓度和作业效率。

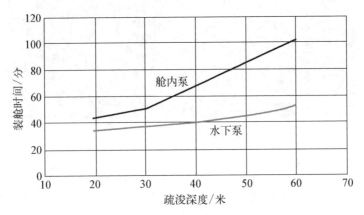

图 3-24　采用舱内泵、水下泵时疏浚深度与装舱时间关系分析示意图

图 3-25　应用于大型挖泥船的耙臂水下泵

四、研制艉吹装置

研发团队所研制的艉吹装置(见图 3-26)实现了与水上浮管的快速联结与解脱,确保了作业的高效、安全和可靠。

图 3 - 26 艏吹装置

五、研制装驳装置

对于运距较远的疏浚工程,采用装驳装置(见图 3 - 27)可提高疏浚施工效率,充分发挥耙吸挖泥船疏浚能力,降低施工成本。

图 3 - 27 装驳装置

六、研制泥门、溢流筒、消能箱、吊架等设备

研发团队对这些大型耙吸挖泥船设备的研发,为提高挖泥效率提供了装备上的保障。因此,泥门、环保溢流筒等系统的开发,有效地减少了泥浆扩散,泥舱溢流水由高压水泵经管路送到耙头作为冲水循环使用,改变原来溢流直排的方式,大大减少泥浆对作业水域泥浆的污染。

第四章
新中国挖泥船研发历程

　　挖泥船用途广泛,与国民经济发展密切相关,是航道建设和水利工程中极为重要的工具。在中国古代的南北大运河开掘、都江堰水利枢纽建设中也有它们雏形的身影。遗憾的是从 16 世纪以来,特别是 1840 年鸦片战争以后,西方列强长期侵略、欺凌我国,大肆抢夺我国财富,真金白银流出国门,国力空虚,加之连年战乱,民生凋敝,何谈国民经济建设? 何谈大规模水利工程? 故至 1949 年我国所遗留下来的挖泥船不足百艘,且多数已年久失修,效能低下。

　　1949 年 10 月中华人民共和国成立,中国共产党怀着为中国人民谋福利,为中华民族复兴的初心,将国防建设和发展国民经济提上议事日程,特别是从 1953 年实施发展国民经济第一个五年计划起,我国国民经济建设有了迅速的发展。经济建设的发展对挖泥船的需求日益增多,船舶工业顺势而为,开启了研发建造挖泥船的进程。

　　70 多年来,从事挖泥船研发的广大科技人员、工人、干部在党的领导下怀着富国强军的使命和自力更生、艰苦奋斗、脚踏实地、勇攀高峰的信念,从头做起,从测绘仿制起步,从消化提高入手,不断自主创新,在 70 多年的时间里,从小型到大型,从简单到复杂,跟踪世界先进技术,奋力追赶西方工业强国两三百年的发展,攀登挖泥船研发的技术高峰。显著的标志是 2020 年"海上大型绞吸疏浚装备的式自主研发产业化项目"荣获国家科技进步奖特等奖。

挖泥船70多年的研发是一个延续的过程，但在不同的时期它与国民经济的发展相适应而具有各自的特点，为便于读者更清晰地阅读和了解，将该过程分为三个阶段，即1950—1978年的"自力更生，从仿制到自主设计"，1979—2000年的"增强科技实力，提高研发水平"，2001年至今的"跨越创新，攀登新高峰"。

中国挖泥船的研发进程还在延续，未来挖泥船研发团队一定会不负党和人民的期望，续写出我国挖泥船研发史更丰富多彩的篇章。

第一节　自力更生，从仿制到自主设计
（1950—1978年）

一、概述

1949年8月，中共中央领导同志陈云在上海召开的一次财经工作会议上指出，运输是件大事，要花很大力量组织航运，要争取时间，建造能迅速完工的船舶。同年11月首届全国航务会议指出，全国各地均应迅速组织打捞沉船，疏浚航道，有重点组织运力，以适应运输的需要。根据当时政务院要求，特别是新中国成立之初，经济恢复百废待兴，其中港口航道整治，国防设施及岛屿码头建设与之有直接关系，这些工程都急需挖泥船。为此疏浚部门尽最大努力，多方搜寻，将新中国成立前残留下来、业已年久失修的这些疏浚装备尽可能地集中、调用，同时还根据线索积极打捞沉船和抢修一批旧船，凑成一支30余艘的疏浚船队，但远远不敷要求。上海、武汉、天津等地区船厂虽具有一定建造能力，但尚缺自行设计能力。为应急需，工程技术人员冒着严寒酷暑，深入作业现场，对遗留下来的若干小型链斗挖泥船、绞吸挖泥船、抓斗挖泥船等采用测绘图纸进行建造，中华造船厂的"水工1"号、武昌造船厂的"洞庭"号都属于这一类型挖泥船。武昌造船厂于1953年开始自行设计了若干艘简易型挖泥船，其中包括一艘 50 立方米/时抓斗挖泥船"华东"号、两艘 280 立方米开底泥驳和 61 立方米/时绞吸挖泥船、46 立方米/时蟹钳挖泥船、120 立方米/时抓斗挖泥船、80 立方米/时链斗船，这些船舶排水量为 90～300 吨，采用蒸汽机动力，在技术上则基本处于 20 世纪 20～30 年代从国外购进的旧挖泥船水平。

在我国国民经济第一个五年计划（1953—1958 年）实施期间，我国船舶工业获得较快的恢复和发展，已能设计建造千吨级民用船舶，技术队伍已初具规模，相关专业的大、中专毕业生亦不断充实进船舶工业系统。与此同时，国民经济建设和国防建设工程成批上马。在客观需要及主观可能的形势下，第一机械工业部九局于 1957 年组建了我国第一个专门研发设计工程船舶的设计机构——船舶产品设计院第五设计室（1961 年归入第七研究院第八研究所建制[①]）。

该设计室刚成立时仅有数十名技术人员，其中一半左右科技人员组成挖泥船研发团队，他们大部分是刚踏进设计单位的大、中专毕业生，技术领导亦不过是 30 多岁的年轻工程师。研发团队成员虽具有较完整的船舶设计理论知识，少数较年长的成员具有一定的船舶设计经验，但对设计挖泥船则缺乏专业知识和实践经验。为改变这一状况，他们广泛收集资料，同时采用"走出去""请进来"的方式以增加感性认识。"走出去"，到旧船上调查、学习，了解链斗、抓斗、绞吸等挖泥船的布置、构造、作业等特点。"请进来"，邀请有经验的疏浚作业专家到单位讲课，增加对疏浚作业系统性技术的认识。通过这些努力，他们增加了挖泥船知识储备，并通过一些零星的部件、设备的设计任务，掌握了基本的自主设计技术，在此基础上投入设计多型民用及军用挖泥船。最早设计的是 40 立方米/时的绞吸挖泥船，紧接着又设计出 60 立方米/时、120 立方米/时、150 立方米/时的链斗挖泥船、150 立方米/时的采金船、500 立方米/时的柴油电动链斗挖泥船和 4 500 立方米的耙吸挖泥船等。在针对当时国内几乎没有

---

① 中国船舶及海洋工程设计研究院。

专业挖泥设备厂商的情况下，该设计室一开始就设置了特种机械科，自行设计泥泵、喷射泵、抓斗、绞刀、斗轮、斗齿等疏浚机具，在中华造船厂大力支持下还建立一座小型试验室，设置小型拖曳水槽，用自制模型进行疏浚机具的模拟试验，成功后再移交设备制造厂商制造，供挖泥船配套装备。

至1978年该团队已研发了近30型抓斗、链斗、耙吸、绞吸、挖泥船。一些船厂也研发了若干小型挖泥船，其中有武昌造船厂建造的120立方米/时的链斗挖泥船；哈尔滨船厂建造的150立方米/时的链斗挖泥船和舱容350立方米的双抓斗挖泥船等。挖泥船的研发和建造已初步适应当时我国小规模疏浚工程的需要，为河道疏通、港口建设和农田水利事业做出了应有的贡献。在专业技术上，也已基本掌握了电动、液压-电动、全液压等挖泥设备设计技术及自航挖泥船的设计技术。

由于这一时期我国经济实力有限，水运航道和水利工程投资不多，工业制造能力不强，品种不全的客观状态，我国自主研发的挖泥船仍以小型为主，仅个别为中型，尚难取代进口稍大型的挖泥船，但已初步具备行业产品的自主研发的技术能力，设计创新的因素亦已初步呈现。根据使用要求，设计的小型挖泥船具有小尺度、可拆可拼装、多用途、低投资等符合国情的优点。在挖泥机具上亦有创新，例如对绞刀轴承和液压系统进行改进，采用上下对开式，便于装拆检修。值得一提的是，20世纪60年代初研发建造成功的军民两用500立方米/时的链斗挖泥船，在厂所通力合作下，已接近国外同类产品的水平；有些项目成功研发为用户赞扬，荣获1978年国家科学大会成果奖。

回顾中国挖泥船研发历程，不能不注目在这一时期成立的中国船舶及海洋工程设计研究院挖泥船研发团队，他们不但为我国早期挖泥船研发启航打下了坚实基础，还在此后的几十年里代代相传，牢记国家赋予的职责和使命，持之以恒，锲而不舍，一直拼搏于我国挖泥船研发的第一线，屡创佳绩，为国家经济发展做出贡献。

这一时期研发设计的挖泥船特点有：

一是仿造起步,设计不同型号挖泥船。

二是设计以中、小型可装拆陆运、多用途挖泥船为主,为适合当时对挖泥船需要,设计改进以中、小型为主,并能够拆卸装运的挖泥船,以便运到其他地方施工,如"北京"号挖泥船。

三是在研发设计挖泥船抓斗机(兼起重机)的传动方式上,针对挖泥作业工况的复杂性,开始研制柴油机液力变矩器传动形式,这是国内首次在挖泥船上采用。此外,这一时期研制的多用途工程/挖泥船,具有主尺度小、航速较高、抗风性能好、一船多用、机动灵活的特点。

二、研发设计的典型挖泥船

1."旭"号改造而成的"北京"号挖泥船

该船是新中国最初仿制改进的挖泥船。1955 年,北京市上下水道工程局向交通部航务工程总局疏浚公司提出要疏浚中南海。当时,以天津区疏浚队为主力的疏浚公司,担负着全国沿海及江河的疏浚任务,虽然实力较强,但没有可以在内陆湖泊施工的组合式挖泥船,仅有的十几艘接收过来的工程船,大都体态庞大,陆路无法运送,水路又过于窄浅,更不可能直航进入中南海内。经了解,当时连云港有一艘"旭"号挖泥船,已弃置多年未用。该船船体已损坏,机电设备尚可利用。交通部提出,将"旭"号挖泥船交由疏浚公司再造船体,重新利用,但船体必须能够拆解和拼装,以便于陆上运输。

交通部航务工程总局疏浚公司组织力量,工程技术人员经多方查找资料,选择比较各种方案。1956 年初,完成了组合绞吸型的船体设计,新河船厂的技术人员完成了电气方面的设计。按照这两项设计,利用原"旭"号挖泥船的主机、泥泵和辅机,经过疏浚公司和所属新河船厂的共同努力,我国第一艘中型组合式电动绞吸挖泥船制造成功,命名为"北京"号。该船船体由 11 个钢质水密浮箱组合而成,全长 30 米,宽 10 米,挖深 8 米,总扬程 32 米。这艘挖泥船可以拆解,用火车或重型拖车运送到水路不能到达的地方,抵达施工现场后,用特制螺栓装配起来即可施工。"北京"号挖泥船的组件于 1956 年底用汽车分别运抵北京,1957 年初,现场组装下水,当年清淤 77 万立方米。1958 年"北京"号挖泥船调往内地,参加包钢建设工程。1960 年重返北京昆明湖,在当年 3~9 月的123 个施工日子里,又清淤近 60 万立方米泥土。此后"北京"号挖泥船调给河南开封使用,直到 20 世纪末,中国疏浚史上第一艘自行设计制造中型组合式挖泥船才退出历史舞台。

2."津航浚 101"号和"津航浚 102"号挖泥船和"津航浚"215 号

1962 年底至 1963 年初,旧中国留下的天津航道局的"建设"号挖泥船大修后应用到天津港航道的疏浚作业中。当时我国三年经济困难时期刚过,天津港担负着华北地区粮食等物资的重要运输任务,能否解决航道淤浅的问题,直接关系到国计民生和国民经济建设。1972 年更名为"津航浚 101"号。

由于仅靠"建设"号一艘挖泥船,疏浚能力不足,交通部决定从国外购买一艘大型耙吸挖泥船,经评估报价,于 1964 年花费约 4 吨黄金的外汇从荷兰进口一艘边耙式耙吸挖泥船,更名为"津航浚 102"号。这是新中国成立后交通部第一次引进的挖泥船。耗费巨资,仅是一艘二手船,也不是当时最先进的挖泥船。舱容 4 000 立方米,总装机功率 5 804 千瓦,满载排水量 1.11 万吨,自由航速11.72 节,自动化程度较高,是柴油机动力双边耙中型耙吸挖泥船。1966 年6 月 30 日接船完毕,1967 年命名为"红旗 2"号,1972 年更名为"津航浚 102"号(见图 4-1)。

该挖泥船价格虽然昂贵,但开启了我国使用双边耙吸挖泥船的历史,同时也为我国消化吸收国外疏浚技术,自行研发设计建造大中型挖泥船提供了技术参考。

1985 年,中交天津航道局又从日本进口绞吸挖泥船"津航浚 215"号(见图 4-2),这是当时我国最大的新型绞吸式挖泥船,总装机功率10 805 千瓦,绞刀驱动功率为 1 500 千瓦,生产率为 2 500 立方米/时,最大挖深

图 4-1　"津航浚 102"号

30 米。"津航浚 215"号创造了多项国内第一：第一次在绞吸挖泥船上采用水下泥泵，第一次在绞吸挖泥船上采用三缆定位装置，第一次在绞吸挖泥船上采用电子控制自动挖泥装置，第一艘具有强大挖岩能力的绞吸挖泥船，开创了我国疏浚业用绞吸挖泥船挖掘岩石的历史。

多年来，"津航浚 215"号不仅在天津港、曹妃甸施工作业，还曾转战日照港、大连港、秦皇岛港、上海金山石化、珠海机场、澳门机场、广州莲花山的东航道，并两次远赴红海西岸苏丹港挖掘珊瑚礁作业。

我国在研究改进"津航浚 215"号设计建造技术的基础上，成功设计建造了中型绞吸挖泥船"津航浚 216"号。

3.500 立方米/时的柴油电动链斗挖泥船

挖泥船不仅为国民经济建设需用，也是国防建设需要的装备。1960 年上级下达研发设计 500 立方米/时蒸汽链斗挖泥船，由当时的船舶产品设计院第五产品设计室[①]研制设计，首制船由沪东造船厂建造（见图 4-3），1965 年 4 月

---

① 中国船舶及海洋工程设计院海工部。

图 4-2 "津航浚 215"号

进行试挖成功后于同年 6 月交船。链斗挖泥船具有挖掘力强、水下挖泥平整等优点,适用于沿海港湾与岛屿区域疏浚作业。交付使用后深受好评,成为当时国内成熟适用的挖泥船型。1978 年 500 立方米/时的链斗挖泥船荣获全国科学大会奖。

图 4-3 500 立方米/时链斗挖泥船

500 立方米/时挖泥船是当时国内最大型的链斗挖泥船,首制船交付使用后,用户要求续建,在 1965 年 8 月举行该船鉴定会议上,技术鉴定委员会根据用船部门意见,提出将动力装置由蒸汽机改为柴油机。

1965 年 7 月中国船舶及海洋工程设计研究院邀请有关单位讨论后继船修改设计的有关技术问题。9 月中旬即开始 500 立方米/时柴油电动链斗式挖泥船的扩大初步设计。依据各使用单位的意见和技术任务书的要求,分别在 1965 年底召开审查会。续建船 1966 年 9 月完成施工设计,1966 年底由沪东造船厂开工建造。

该船是为在沿海港湾与岛屿区域进行挖掘砾石、砂、砂质黏土和黏土的非自航柴油电动链斗式挖泥船,在设计中选用了适合这种挖泥船的技术参数。该船总长 59.5 米,型宽 11.5 米,型深 4 米,吃水 2.5 米,满载排水量约 1 200 吨,自持力 14 天,主柴油发电机两台,功率 2×205 千瓦,定员 60 人,作业能力 500 立方米/时。

该船主要特点:艉部线型由方驳型改为常规船型,减少拖带阻力;操纵室偏于左舷改为横跨两舷的"门"字形,改善船体浮态;布置上进行调整,基本上消除了母型船(首艘蒸汽机驱动)左倾 1 度的现象;操纵方式从原来的全部集中在操纵室进行,改为艏操纵室和艉甲板区两地进行控制;艉甲板区的长度由原来的 5.4 米放大至 9 米,增大艉甲板的使用面积;斗桥形式由复式改为单一式,运用简便;斗链传动系统从蒸汽机驱动改为电动机驱动;采用六锚定位,拉力与锚链配置合理;艉锚索改为锚链,艏锚索出线改为上、下两种出线方式;横锚链出线位置尽量靠近船中心线靠近;对艏、艉锚绞车、横移绞车、斗桥绞车等均做了适当改进;自持力由 7 天改为 20 天,增加船员舱室。

后续船由天津新河船厂批量建造,深受使用部门欢迎。据 1994 年《长江航道工程船舶》记载,该船"实际生产能力可超过设计能力",其优点为"生产效率高,施工控制集中,操作方便,特别是斗链系统拆装检修方便"。中国船舶及海洋工程设计研究院设计、武昌船厂建造的另一型 500 立方米/时的自航链斗挖泥船"W433"号(见图 4 - 4)于 1980 年交付使用。

图 4 - 4　500 立方米/时的自航链斗挖泥船"W433"号

　　500 立方米/时的柴油电动链斗挖泥船产生了良好的社会效益和经济效益,是当时我国最大的以柴油机驱动的链斗式挖泥船,在国际上相应能力的同型船也属鲜见。该船可挖砾石、砂、砂质黏土。当挖软砂土时,斗斗超满,可达到 1 500 立方米/时的效能,对于难挖的铁板砂,采用横移减速半斗挖泥时也能挖到 500 立方米/时,使用部门很满意,作为定型产品批量生产。

　　500 立方米/时柴油机电动链斗挖泥船的成功设计和建造,标志我国船舶工业在该领域已进入先进行列。该船 1978 年荣获全国科学大会成果奖。

　　4.4 500 立方米耙吸挖泥船"劲松"号、"险峰"号

　　"劲松"号、"险峰"号万吨级自航耙吸挖泥船是我国首次自主设计和建造的新型挖泥船,其主要技术指标达到当时的世界先进水平。该船 1978 年荣获全国科学大会奖,中国邮政集团有限公司还特别为"险峰"号发行纪念邮票予以祝贺(见图 4 - 5)。

1968 年长江口铜砂航道拦门砂久未疏浚，航道淤塞，导致水上交通不畅，上海市内需、外贸航运受到严重影响，交通部要求尽快解决航道疏浚的问题。疏浚航道需要挖泥船，而当时我国已有的挖泥船中，绝大部分为

图 4-5　"险峰"号邮票

中、小型的链斗、抓斗挖泥船及一些小型绞吸挖泥船，能够承担在风大浪急的河、海口航道疏浚作业的耙吸挖泥船仅有"建设"号及"中波友谊"号两艘，它们均是以前留下的蒸汽机动力的旧船，分属天津港和广州港所有，由于设备陈旧，作业效率低下，年久失修，仅能供两地本港出海航道作业，不可能到上海港来协助疏浚。为此上海市政府决定建造两艘万吨级耙吸挖泥船，由中国船舶及海洋工程设计研究院和江南造船厂、上海航道局组成"三结合"设计团队承担设计任务，并参考了从荷兰进口的边耙式耙吸挖泥船（"津航浚 102"号），结合我国实际进行设计改进，由江南造船厂建造，后定名为"劲松"号和"险峰"号。

当时参加设计团队的技术人员以往接触的多是中、小型绞吸及斗式挖泥船，对于大型耙吸挖泥船则知之甚少，仅在杂志上看到介绍文章，未见过实船，更谈不上有什么设计经验。但设计团队对于能参加这项对国家有重大意义的工作感到十分兴奋，因为这是一次大好的机会，可以为建造我国的挖泥船奉献力量，并通过实践的磨炼，取得经验，让自己更快成长。

该船由江南造船厂建造，建造过程中设计团队深入现场，参与解决施工中遇到的问题。"三结合"设计团队分析了关键技术、画草图、估算技术参数、攻克该船设计的主要技术难点，既消化吸收"津航浚 102"号挖泥船的设计理念，将一机多带、复合驱动的动力装置的创新概念应用于新船设计中。同时也根据我国国情及工业基础水平，充分考虑长江口操作的环境条件等，设计出符合我国

实用的耙吸挖泥船方案。经过紧张而有序的工作,完成了主尺度的确定,总布置图、线型图等主要图纸的绘制及主要系统和设备的选型和布置。方案审查会上获得与会代表的一致首肯。此后又经交通部、上海航道局等有关单位领导和专家的会审,也获得一致通过。

1970年底,两艘船先后竣工,1971年初试验、交船,定名"劲松"号和"险峰"号(见图4-6)。

图4-6　4 500立方米耙吸挖泥船"险峰"号(左侧)

该船解决的技术难点如下:

一是对船型及主尺度的选择。经过分析确定该船总长115.37米,垂线间长107.00米,型宽18.40米,型深9.00米,满载吃水7.23米,载重量7 667吨,泥舱舱容4 500立方米,耙管长2×0.9米,最大挖深25米,推进柴油机2×1 911千瓦,航速12.0节,总装机功率7 907.5千瓦,泥泵机功率2×992.25千瓦,泥泵排量12 000立方米/时。在总长与"红旗"号挖泥船相近的前提下,船宽及型深略大,在同样吃水的情况下,泥舱舱容和装载量比"津航浚102"号可多装

500立方米，达到4500立方米，提高了该船的作业效率。采用直通封闭主甲板，不设泥舱大开口等措施。其优点是稳性和总强度得到提高，单方挖泥成本则有所下降；采用双变距桨推进器，在确保耙吸作业各工况要求的速率下提高了操纵性，实现了在主要技术指标上赶超进口挖泥船。

二是"泥门"形式的选择。圆锥形泥门和方形泥门是耙吸挖泥船泥舱泥门的两个流派，各有特点。当时荷兰造的挖泥船以方形泥门居多，"津航浚102"号挖泥船也是采用方形泥门。设计团队考虑长江口铜砂航道底质以细铁板砂为主，为使新船作业中少漏泥，果断选用了圆锥形泥门。船体附加阻力也较方形泥门的为小。

三是动力装置采用一机多带、复合驱动。该驱动方式系指主机除艉部驱动可变螺距螺旋桨外，其前端尚可带动发电机。发电机发出的电能可供泥泵使用，这一方式可充分利用主机功率，较之"津航浚102"号挖泥船的柴油机一对一驱动方式减少了总装机功率，从保持全船的纵倾平衡，挖泥作业时保持航向稳定性方面考虑，选择了前泵舱布置。

四是全船总布置采用前操纵室、后机舱棚的"两岛式"布置，这样可使驾驶视线更加清晰，尤其在夜间作业可不受泥舱溢流口和耙管吊架等作业时照明灯的干扰，同时操纵室远离机舱，噪声及振动也可随之减轻，改善了船员的工作条件。

"劲松"号、"险峰"号(舷号分别为"航浚4001""航浚4002")两艘耙吸挖泥船的成功建造及投入长江口航道的疏浚作业，使铜砂浅滩重新畅通。当时日本同型级耙吸挖泥船的建造刚刚开始组团去欧美考察，其后日本的工程师们还专程来上海考察"劲松"号的设计。我国挖泥船研发设计技术在20世纪70年代初，已进入设计建造挖泥船的国际先进行列。

5. 80立方米/时的全液压绞吸挖泥船

该船原名"60～80立方米/时绞吸挖泥船"，其参考母型船260(马力)型绞吸挖泥船于1964年自荷兰批量引进，后由中华造船厂、中国船舶及海洋工程设计研究院参考260型绞吸挖泥船设计建造，首制船于1968年完工。以后又分别在镇江造船厂、益阳造船厂、沙市造船厂、无锡造船厂、东风造船厂和东方红造船厂等组织批量生产,先后设计建造逾百艘。

该型船因其主尺度小、投资省、操作方便,在使用地区深受欢迎,在农田水利基本建设中发挥了良好的作用。但经过长期使用后发现该型船尚存在一些不足,同时设计图纸也较混杂。为适应客户的需要,对全国 60~80 立方米/时液压绞吸挖泥船进行统型设计,研制出国内更先进的全液压绞吸挖泥船,并指定由中国船舶及海洋工程设计研究院设计,首制两艘由益阳市造船厂建造,使用单位为河南省黄河河务局。

该院设计团队研究编写的"农业船调查笔记",详细地比较了益阳市造船厂、镇江船厂的图纸,并实地调查了扬州航道段的 80 立方米/时全液压绞吸挖泥船,再次听取了用户使用的意见,经研究,共确定了 30 余项改进项目,对该型船的工作性能和主要部件做了较大的改进。1983 年 3 月在中华造船厂召开了11 省共 19 个单位参加的扩初设计审查会,与会代表充分肯定改进设计,并提了多项积极建议,3 月完成施工设计。

湖南省益阳市造船厂于 1984 年 5 月开工建造两艘,同年 11 月建成后在船厂进行系泊试验和挖掘试验。结构、稳性、动力装置等均满足设计要求。1984 年12 月中旬用平板车将分拆的船体运送长沙,再经火车运达开封,然后通过人工搬运到黄河边上用船工地,由船厂派员进行拼装后在现场试挖成功,由黄河河务局接船。

该船船型为箱形、钢质、非自航、全液压、拼装、绞吸挖泥船,能适应平板车、火车长途运输的要求,亦能在水上拆除边浮箱后,做单个主船体拖航,并能穿越水面以上净高 3.3 米、宽为 3.9 米的低矮桥梁和涵洞。因此,该船能广泛地适用于全国各地中、小型航道、港湾及湖泊的疏浚,蓄水池、运河等水利工程的开挖,吹填洼地,农田改造,围堰筑坝等许多工程项目。当其挖细砂(粒径 $\phi 0.074\sim 0.420$ 毫米,排远<300 米)时,该船生产量为 80 立方米/时;而当挖黏土、淤泥(粒径 $\phi 0.005\sim$ 0.047 毫米,排远<20 米)时,该船生产量可达 100 立方米/时以上。

该船稳性按《内河钢质工程船建造规范》有关要求进行校核,整体拖航时,其稳性可满足 B 级航区要求,挖泥作业以及单个主船体拖航时,其稳性可满足

C 级航区要求。

由于采用了 12V135Aca 型主机,动力足够,不但提高了挖泥船主要性能指标(生产量、排泥距离等),同时还增强了对复杂土质的应变能力。由于泥泵、绞刀等主要部件采用了合金材料,其使用寿命可明显提高,另外在工作条件及生活设施的改善方面,设计中也做了充分考虑。

该船总长约 22.8 米,船长 12.5 米;船宽 5.46 米,型深 1.3 米;满载吃水约 0.80 米,经济挖深 4.0 米,最大挖深 6.0 米;满载排水量约 54 吨,自持力7 天。主机持久功率 259 马力;辅机型号东风 195(9 马力);泥泵清水流量800 立方米/时,扬程 40 米;排远/排高 500 立方米/时;吸排管直径 ϕ275 毫米,值班床位两个;固定建筑距水面高度<3.2 米。

针对原船型使用中的不足以及用户的要求,设计中注意把握作了如下改进:

总体性能:一是针对原船主船体在拆解后初稳性较差,在顾及机舱、生活舱室等要求下,将主船体宽度增大。二是增加边浮箱深度,改善原船排水量不足的问题。三是经组合后,稳性可满足 B 级航区拖航要求及 C 级航区工作要求。布置上将简易值班铺位改为双人值班室,并增加浴室一间。四是提升操纵室的高度,并在操纵室后壁上开设观察窗,可直接监视定位桩起升情况。

结构设计:加强主船体(机座及艉部结构),以改善原船结构偏弱,振动大的问题。

轮机设计:增大主机功率,由原船的 204 马力改为 259 马力,与新泥泵匹配;加大机舱通风机械,充分利用余热,安装热水消音器供浴室用;增大机舱棚开口,在操纵室内增加主机油、水的监控设备。

机械设计:经实验确定了一种新泥泵参数,可使该船排远从 350 米增至500 米(排高为 3 米时);泥泵、绞刀材料均采用耐磨合金提高了使用寿命,原船多为一般铸铁,少数铸钢制造,寿命较短;原船吸口断面积太小,尺寸匹配不合理,线型不光顺,影响吸入效率,该船进行了新的设计;绞刀轴承采用上下两半合成方,便于装拆检修,并对绞刀液压系统作了改进,使绞刀可倒转,便于拆装和维修;定位桩下卡箍处装有接近开关,当定位桩误操作时,可发出蜂鸣音及闪光报警;原船型液压系统采用自动阀控制,阻力大,检修不便,改为电液控制,减轻了船员的劳动强度。

1986年9月20日,河南省交通厅组织鉴定会,认为该船的实际应用及现场测试证明设计和建造是成功的。其主要性能达到了设计及有关规定的要求。船体采用浮箱拼装式,便于用火车、汽车运输。边浮箱可在水上拆开,定位桩可翻倒,可进行单个主船体拖航,便于通过高3.3米、宽3.9米的低狭桥梁、涵洞;采用了电液阀控制,操作简便,减轻了船员的劳动强度;泥泵设计较先进,建造质量好,提高了单位时间生产量和排泥距离;在生产量增加的情况下,主机运转正常,明显优于老式泥泵。鉴定认为该船满足不同用户的要求,应在该船基础上研究出该型船的派生品种。通过改进和完善后,可投入小批量生产。

第二节　增强科技实力,提高研发水平
(1979—2000 年)

一、概述

1978年12月,中国共产党十一届三中全会胜利召开,确定了把党和国家工作重点转移到社会主义现代化建设上来,制定了改革开放方针。随着改革开放方针的执行,大大地加速我国挖泥船研发建造的进程。"改革"激活了国民经济的发展,航运事业、航道疏浚、港口建设、水利工程项目日益增多,对挖泥船需求量随之增加,且要求提升作业效能和科技含量;"开放"使国门敞开,国外厂商看到我国巨大的市场潜力,纷纷来华推销产品,也带来了国际上先进科技的信息。我国科技人员亦有机会走出国门,到世界上最著名的挖泥船研发公司进行考察、学习,迅速掌握了当时最先进的科技信息,立下了赶超的目标,在研发新船型中"洋为中用",提高新研发船型的科技含量,并结合我国应用实践,屡有创新。

这一时期研发出的挖泥船显示出了科技实力的逐步增强,主要表现如下:

一是在对早期研发的挖泥船进行更新换代。20 世纪 60 年代初,中国船舶及海洋工程设计研究院研发的 150 立方米/时链斗挖泥船,适合国内不少地区作业,深受欢迎,前后设计了 4 型。1979 年 6 月第六机械工业部、水利部、电力部联合召开该型船的升级换代会议。该院根据多方用户的不同要求,综合分析,拟定出升级换代船型的设计指标,于 1980 年底完成设计,首制船于 1982 年 10 月在江西东风船厂建成,其后进行批量生产,在水利、电力系统多地使用,均获用户好评。新一代挖泥船在技术含量上明显提高,如采用全液压的动力装置,设置集中控制室遥控操作等。

二是以自行研发产品取代进口产品。我国早期曾从日本进口两艘 4 立方米(斗容)反铲挖泥船,该院经对该船进行考察分析后,应用户的委托自行研发,挖深增大,采用了桩定位,设置水下监视仪等,各项技术指标均超过原船。

同期由该院设计,分别由中华造船厂、文冲造船厂建造的耙吸挖泥船在性能指标上已明显优于 20 世纪 70 年代从荷兰、日本进口的同型挖泥船。

三是创新研发新船型。研发建造了多型技术含量高、比较成熟的创新产品。20 世纪 90 年代初,长江航运管理局经过国外考察,发现一种靠艏部吸盘技术形态的挖泥船,比较适合长江某一航道的疏浚作业。这种“吸盘”挖泥船既异于绞吸也不同于耙吸,当时世界上极少见。中国船舶及海洋工程设计研究院敢于进取,提出设计 1 250 立方米/时的吸盘式挖泥船方案,在有关部委的支持下完成研发,建造后经使用效率超过预期,长江航运管理局立即续购 3 艘。

四是瞄准目标向大型化发展。在我国经济建造高速发展时期,效率的重要性明显提升,中型以下挖泥船已难适应大型水上工程作业之需。鉴于当时国内尚无大型挖泥船,在一段时间内均从国外进口。中国船舶及海洋工程设计研究院研发团队时刻关注这一动态,在有关部委的支持下,针对疏浚企业的需要,提前预研并加强与主要用户的交流,在以科技实力为依托的基础上,终于在 2001 年 4 月承接上海航道局委托的利用大型旧货船改装的 12 000 立方米耙吸挖泥船的创新任务。为其后研发大型、超大型耙吸挖泥船做了充分的技术储备。

五是开始出口多型挖泥船。我国中、小型挖泥船研发在满足技术性能要求的同时，还具有造价低，建造周期短，售后服务好等优点。引起东南亚国家的关注，从 20 世纪 80 年代开始，通过国际竞标，战胜日本、荷兰等挖泥船出口强国。其中包括出口泰国的有 800 立方米对开耙吸挖泥船，出口缅甸的有 300 立方米多功能耙吸挖泥船等，甚至出口到非洲，开启了挖泥船出口的历史。

六是挖泥机具国产化取得显著进展。挖泥船建造数量的增加，促进挖泥机具的国产化进程，包括泥泵、液压闸阀、溢流筒等，由中国船舶及海洋工程设计研究院联合国内专业厂商组成团队研发设计，交由国内制造生产，大大降低了挖泥船的建造成本。

这一时期值得一提的是"百船工程"，"百船工程"推进了我国挖泥船的研发和建造。

20 世纪 90 年代我国江河湖域开展大规模的在防洪治理、开阔航道，维护青山绿水等多方面的疏浚作业，急需大量中、小型挖泥船。党中央、国务院对此高度重视，于 1998 年以 15 号文发出"江湖疏浚挖泥船建造项目"，挖泥船数量为百艘左右，俗称为"百船工程"。项目总投资 68 630 万元，由中央财政出资 90% 和地方出资 10% 共同建造，由中国水利投资公司组织实施，1999 年启动。全国挖泥船研发建造界闻风而动，仅仅经过两年后，第一期由国内研发建造的 49 艘挖泥船和配套的辅助船舶就于 21 世纪开始的前 7 个月开始分批试车成功，投入使用。

"百船工程"一期共配置有 3 个类别、14 个型号计 53 艘挖泥船（以中、小型绞吸为主），其中国内标 7 个型号（8 个标）计 30 艘，除一型为 350 立方米/时斗轮挖泥船外，其余 6 个型号均为绞吸挖泥船；国外标 5 个型号计 18 艘，除 Neumann 公司的一型为斗轮挖泥船外，其余皆为绞吸挖泥船。这些由国外公司设计并提供装备的 18 艘挖泥船也在国内进行建造招标；仅就这一点而言，使众多国内中、小型造船企业充满了期待。另有三门峡库区专用清淤船 5 艘。这批船采用的柴油机大多由河南柴油机厂引进德国技术生产，技术性能较好。在由中国水利投资公司牵头搭建的这个大舞台上，国内外挖泥船设计的能家好手及众多国内船厂同场竞技,这在我国疏浚界还是头一遭,虽然挖泥船均为中、小型,技术水平也不是很高,但对振兴疏浚装备建设,对产品技术质量的提高和促进国内外技术交流及缩短同国外先进水平的差距均有裨益,既拉动了内需,锻炼了队伍,还集中检阅了我国疏浚装备制造业的技术进步。

　　这是我国水利系统策划组织的中、小型绞吸挖泥船批量研发,也是挖泥船研发史上的一个高潮。

　　这一时期挖泥船研发科技实力稳步发展,一步一个脚印地迈向世界先进行列,在全国疏浚界拥有的挖泥船中,已有超过80%为自行研发设计,被认为是挖泥船研发的复兴时期,以蓄势待发之势,为即将到来的更大发展做好了充分的准备(见图4-7)。

图4-7　20世纪90年代开发众多型号产品组图

我国在这一时期不仅能自主设计创新,而且挖泥机具国产化也取得显著的进步,如1500立方米的耙吸挖泥船("疏浚10"号)上配备国产DB耙头耙吸管等。

二、研发设计的典型挖泥船型

1. 150立方米/时的液压链斗挖砂船

1958年,中国船舶及海洋工程设计研究院为上海内河航道局疏浚队设计的150立方米/时链斗挖泥船,建成投产后深受用户欢迎。到20世纪70年代末,特别是改革开放后,国民经济建设发展迅速,沿海内河急需疏通航运扩大经贸往来。外省市疏浚单位来到该院要求设计该型挖泥船,该院的科技人员结合船舶使用中发现的不足之处,前后改进设计了四型新船,其中第四型采用全液压,建成后经多地使用,均反映操作简便、性能良好,一般船员也能单独操作。

1979年6月中旬,由六机部、水利部、电力部联合召开了150立方米/时液压链斗式挖泥船会议,水利部、电力部等下属用船单位和中国船舶及海洋工程设计研究院、造船厂、设备厂代表参加。经认真讨论,认为该院研发团队提出的采用液压驱动技术,船体采用横向分段拆解运输、上层建筑及钢结构用分段螺栓连接方案是合理的、切实可行的,能够兼顾整体使用及分段拆解运输两种不同情况。会上拟定了设计技术任务书。

该船为首制非自航全液压链斗式采砂船,可挖掘作业于江河、湖泊、水库,采掘水下松砂卵石(卵石粒径不大于200毫米)作为建造材料之用。作业方式为将挖掘到的砂石倒于砂石井中,通过斗塔两侧固定锚檐卸至皮带机上,再通过皮带机将砂石装于靠在船舷的砂驳中。

该院于1980年底完成了设计工作,江西东风造船厂于1982年10月建造完工,11月28日至12月6日在陕西安康水电三局砂石厂进行了实地采砂、采石试验,试验结果表明该船的主要技术性能均达到了设计技术任务书的要求。研发团队对后续船又进行若干改进,使该型船技术性能又有所提高,完成了新一代船的研发,为多部门、多地、多用途采用。

该船总长(含斗桥)约为 54 米,垂线间长为 33 米,总宽为 8.8 米,型宽为 8.5 米,型深为 2.3 米,吃水(轻载拖航平均)为 1.2 米,排水体积为 291 立方米;开槽长度(甲板)为 14 米;开槽宽度为 1.4 米,最大挖深为 8.0 米,经常挖深为 5.0 米,设计生产量(松散矿卵石,挖深 7 米时)为 150 立方米/时。

绞车和绞盘:在艏部甲板上装有四台 8 吨液压绞车,一台为起落斗桥用,一台为艏锚绞车,两台为艏横移绞车,艉部甲板上装有两台 4 吨液压绞车作为横移绞车,主甲板上两侧还装有两台 3 吨液压绞盘,其油压为 140 千克/平方厘米,作为移驳用。

起重设备:为板装沙斗、起吊下导轮、三个艏锚以及砂斗备件等,在艏吊架上部设有起重量为 2 吨,跨距为 6 米的回转起重机一台。

该船主要技术特点如下:

一是采用全液压的动力装置,斗链传动装置采用半开式液压驱动。对于挖泥船液压驱动在某些特定条件下具有优点,例如斗链驱动,要求较低速度,液压驱动的油马达,转速可以配合调节无须减速,所以其装置较简单。

二是主尺度较小、吃水浅、造价低。内河浅水区均能作业,扩大了使用范围。此外,造价低是民营中、小企业可以承受的。订货较多,形成批量生产。

三是设置了集控室,液压装置在集控室内进行遥控操作。操作人员在集控室可以清晰地看到泥斗的运行,如有情况可以随时制动、处理。利用液压系统的特性,做了过载保护,只要挖泥时石块或阻碍物载荷达到一定程度,液压油就溢流,泥斗就停止转动,同时在集控室也可对液压绞车进行集中控制,节省了人力,降低了劳动强度。

四是艏部设有全回转的电动起重设备。作业范围可在泥斗与船外之间,用于挖泥时的情况处理和修理泥斗时吊卸泥斗和链节板。对于链斗式挖泥船来说,有些小的故障都要船员自己处理,不可能有一点问题就进厂修理。因此,起重设备是十分有用且必不可少的。

五是增设了让绞车钢丝绳通过下部装有滑轮的钢桩,从船底引出。这样做可使比吃水小的驳船都能在该船附近通行无阻,不受抛锚钢缆的影响。

该船于1985年初进行试车,通过连续8小时挖砂试验,达到或超过设计技术任务书的要求,最大挖深挖到8.7米(任务书要求为8米),由于砂斗设计成折边形,无论浅水还是深水采砂均能达到满斗挖掘,生产量超过150立方米/时,斗齿和斗唇加强,在采砂过程中未发现损坏和变形。

使用部门在投产五个多月后,报告称该船经使用证明各系统的油温、压力、电压等均达到了设计要求,各项经济和技术指标都合乎设计要求。设计新颖,结构紧凑,操作灵便,采用电液控制,出现故障容易排除。各动力设备基本能满足工作要求,液压系统运行良好、布置比较合理。整个船体工作时振动轻、噪声低,生活设施比较理想。说明该船使用情况较好,达到了设计要求,满足了用户的需要。

1985年12月召开了鉴定会,对两艘150立方米/时液压链斗采砂船鉴定意见如下:

"实际使用证明设计是成功的,总布置、系统设计合理、紧凑,设备选型立足于国内,可靠实用;建造的原材料、机电设备符合设计图纸的要求,有较完备的专用工装、设备和工艺,能满足该船的特殊要求,主船体、采砂机械、液压、轮机、电气系统的制作和安装质量良好;采砂作业时运转平稳、可靠、操纵方便、生产能力强,技术性能达到设计要求,用户满意。可广泛用于江河、湖泊、水库的采砂、采卵石、挖泥、疏浚等作业;采用电液控制、全液压传动等技术,达到国内同类型船的先进水平。图纸、技术文件等资料齐全,工艺成熟,可批量生产。"

1988年该船荣获中船总公司科技进步奖三等奖。

2. 150立方米/时可升降斗塔的链斗挖泥船

为适应内河港口及航道建设事业的发展,进行航道挖泥疏浚施工作业,上海内河航道疏浚工程公司本着安全、适应性能强、维修方便的原则,要求根据1982年《内河钢质工程船建造规范》(Ⅱ类工程船)及1978年《长江水系钢船建造规范》B级,委托中国船舶及海洋工程设计研究院设计可升降斗塔的链斗挖泥船。

为研发、设计、建造好此船型,1987年下半年,该院研发团队在做了预案准备后,对内航处的一艘母型船进行了考察,在总结以往链斗挖泥船研究经验的基础上,于8月份开始扩展初步设计,经多次评审通过后,1988年初开始进行150立方米/时可升降斗塔链斗挖泥船的方案及技术设计,经审查会和船检通过后,同年年底完成施工设计。江阴造船厂于1989年开工建造,1990年底完工试车,交船。该船船长26米,型宽7.0米,型深2.4米,自持力(两班)15天,定员16人,生产量(三类土,挖深5.5米)150立方米/时,泥斗容量为110升,泥斗数64只,满载排水量274吨,满载平均吃水1.74米,航区长江B级,正常挖深5.5米,最大挖深7.0米,斗速24~44斗/分。

该船为单甲板,非自航,采用主机,拖动液压泵及发动机,能在内河六级及以上内河航道和水域挖泥疏浚施工。

挖泥系统:上、下导轮分别为四、五星轮。链斗传动采用液压驱动系统,斗唇为硬质合金耐磨材料。卸泥从出泥槽由泥门控制至船左右两侧,流落入泥驳内(该船配65立方米泥驳)泥斗卸泥时存在回泥现象,设计时考虑对斗形进行改进。下导轮、斗桥导轮的润滑或冲水管道从斗桥内侧布置以免损坏(强制润滑系统)。在艉部设一台回转起重机,供吊装、拆卸泥斗使用。

动力系统:双出轴6135Acaf型柴油机两台,每台额定功率143马力。一台柴油机带动T2H2X-64发电机,功率64千瓦,另一台柴油机带动ZBpF481油泵作为斗链传动的动力。前出轴通过弹性联轴节带动24千瓦发电机(T2H2X-24)作为应急能源。应急系统由应急电机和液压泵组成,将其并联于绞车回路上。应急系统可用于绞车应急,也可用于斗链驱动。

斗链传动系统是由6135柴油机驱动主油泵ZBpF483向4台低速大扭矩CLME3.15D型油马达供油,并通过一对开式齿轮驱动上导轮使斗链传动。改变油泵流量可达到调节斗速,斗速范围为24~44斗/分,液压系统也可使斗链倒向驱动。舯前右舷设有 50 千牛斗桥绞车 1 台,进行斗桥起落操作。

该船采用 6 锚定位,艏锚 600 千克,配有 80 千牛液压绞车。艏边锚、艉边锚均为 440 千克。艏部还配有 50 千牛液压绞车两台,艉部配有液压绞车 3 台。并有 3 吨液压绞盘两台供移驳用。

该船突出的技术问题:一是船的主尺度受到航道的限制,必须精心布置,控制船的重量和浮态;二是考虑到该船的调遣,满载水线以上固定建筑物的高度被限制在 4.5 米以内,必须采用可升降的斗塔装置,因此还对设计任务书进行了修订,完成技术设计。

该船创新点如下:

一是该船斗塔高度较高,在规定船的固定建筑高度不得超出水面 4.5 米情况下,斗塔要设计为可升降式。在进行方案研究时,经过多方调查研究、分析,对采用斗塔倾斜放倒以降低高度和斗塔升降两种方式进行比较,由于放倒式占主甲板面积过大,全船总布置极为困难,且放倒过程中斗塔平台无法保持水平,带来诸多不便,因此采用升降方案。以往的升降法采用齿轮齿条,由马达驱动提升,构造上在斗塔前面加建一个固定支架,支承斗桥上端。这样斗塔升降时斗桥可不受牵连,但必须在斗桥上端与斗塔之间再装一根副斗桥以连接两者,使链斗平稳提升泥砂。研究后决定采用两台油缸提升,齿轮齿条保证升降同步,斗桥铰接在斗塔上部并随斗塔套在 4 根立柱上升降的方法。构造简单,与一般斗塔构造相近,升降前后的辅助构件较少,操作方便。

二是该船特种结构物主要由艏吊架、斗桥和斗塔三部分组成。艏吊架为箱形结构,用钢板焊接而成,斗桥为两根用钢板焊成工字形梁,其间用角钢交叉连接成整体结构,一端用钢索吊在艏吊架上端支在斗塔上部。该船所有的绞车、泥门翻转、溜泥槽起落、斗桥升降、斗链驱动均采用液压驱动,时间较短,尤其是斗塔采用了液压升降,每次只需 10 多分钟。此外导轮轴由滚动轴承支承,实船使用效果很好。

三是该船采用六锚定位的抛锚方式,艏、艉各 3 只锚,除艏主锚为 600 千克的波尔锚外,其余均为 440 千克的波尔锚。艏、艉 4 只横移锚既可通过安装在 4 个角的三滚轮的转动导缆器抛出,也可通过 4 个水下出索装置抛出,不影响航道中其他的船舶通过。收放锚缆分别通过 6 台液压绞车,钢缆存放在绞车上。从使用情况来看,能满足挖泥工况下的船舶定位要求,在左、右两侧设置了两台液压绞盘及 100 米长的钢索两根可供移驳用。由于该船的斗塔平台可升降,因此在斗塔平台前后的遮阳甲板间设置了可翻的过桥两只,而上斗塔平台处设置了软梯 1 部,四周布置了可拆卸的栏杆。

四是在机舱配电间内设控制台 1 个,上有各泵的工作指示灯,操作人员可在空调配电间内遥控监视。控制台上还设有热水消音器的蒸汽压力报警及转速显示,两台柴油机的冷却水高温报警及滑油低压报警及转速显示。两台柴油机应急制动装置设在控制台两侧,通过机械链轮机构对柴油机实施应急停车,但平时不会动用。

该船的主尺度小,造价低,建成后使用单位邀请了上级领导和专业人员到工厂现场观察升降机构的升降和挖泥作业,证明效果良好,各项指标和设备系统基本达到试验大纲的要求,设备选择合理可靠,使用部门和到场人员均表示满意。

3. 500 立方米自载、自航双抓斗挖泥船

抓斗挖泥船一般为单斗作业。广州航道局为了提高作业效能,1965 年委托中国船舶及海洋工程设计研究院设计 300 立方米双抓、自载抓斗挖泥船,并由广州新中国造船厂建造,投入使用,效率比单抓挖泥船提高近 1 倍。1983 年 3 月,广州航道局又委托该院设计新的 500 立方米自载自航双抓斗挖泥船。1985 年 7 月完成施工设计,广州新中国造船厂于 1991 年竣工交船。

该船总长 65.55 米,垂线间长 60 米,型宽 12 米,型深 5.0 米,满载吃水 4 米,载泥量 500 立方米(泥密度按 1.5 计,载重量 750 吨),抓斗容量 2～2.5 立方米,满载排水量 2 164 吨,主机 6300ZC:2×441 千瓦,航速 9 节,自持力 10 天,定员 44 人。

该船较之以往同型船在技术性能上有明显提升,包括具有自航能力,稳性

图 4-8 我国自行设计建造的 500 立方米
自航双抓斗挖泥船

符合海船稳性规范要求,满载满足沿海Ⅲ类航区航行,空载调遣航行满足沿海Ⅱ类航区要求,扩大了使用范围。

该船配置有较先进设备和应用新技术,采用电动动力,通过液力变矩器传动 2 立方米挖掘机;使用泥门开启同步控制器以及采用滑道式移动机构;可在驾驶室机舱监控台遥控主机;抓斗机座首次采用有限单元计算法,将筒体与甲板上下设计成一体。

该船因性能优越,使用率高,获得用户好评(见图 4-8)。

4.1 立方米全液压抓斗/反铲挖泥船

根据湖南省境内河流航道的开挖、整治及疏浚工程的需要,湖南省航道局于 1989 年 4 月委托中国船舶及海洋工程设计研究院研发设计 1 立方米抓斗/反铲全液压挖泥船,用户为湖南省水利工程公司。

1989 年 5 月开始方案设计,12 月全部图纸交付益阳造船厂,1990 年初顺利投产。由于该船设计标准化程度达到 90%,且均采用国产设备,为船厂降低了建造成本。

该船的任务主要供沅江千吨级航道开发及沉水整治炸礁清方使用,并兼作开挖沟渠、码头建设、起重及适用 B 级航区其他河流的疏浚等施工任务,按中国船舶检验局 ZC1982 年《内河钢质工程船建造规范》及 ZC1978 年《长江水系钢船建造规范》对 B 级航区、Ⅲ类工程船要求设计、建造。

该船为钢质非自航 1 立方米抓斗及反铲全液压挖泥船,主尺度要求最大吃水小于 1.2 米,能在最大流速 2 米/秒、土质为 5 类土(排远 15~30 米)的条件下施工,该船船长 29.4 米,型宽 8.5 米,型深 2.0 米,吃水 1.15 米,排水量 254 吨,自持力 500 小时。

为满足挖宽要求,艏部船型采用伸出半径为 3 米的半圆形且四周切成斜角,以保证挖掘机动臂下伸至最大限度。为了便于拖航,艉部两侧做成1.5 米半径的圆角,底部有切角,以减少拖航阻力(艉拖)。船体结构为单底、横骨架式,材料为普通船用钢板。

该船挖掘机选用长江挖掘机厂制造的经过船用化改装的 WY - 160A 全液压挖掘机,可进行抓斗或反铲作业。挖掘机配有 2.5 米和 40 米两种长度的斗杆以及不同斗容的抓斗和反铲斗,挖掘力为 150 千牛左右,该船挖掘机可在左、右舷 90 度范围内回转作业,当工作完毕后挖掘机臂架须从右舷向船尾收回。

定位、移位方式:该船采用 3 桩与 5 锚两种定位方式,以适应不同航道、水深及不同挖掘方式的需要。通常反铲作业以桩定位;抓斗作业以锚定位,但也可以桩定位,因桩定位操作方便、灵活、机动性强,适应在航道较窄处作业,水深为 5 米左右。定位方式既可以用两根艏桩定位,也可以用 3 桩定位,在正常挖掘时,由两根艏桩定位,船首升高约 200 毫米,艉桩处于自由状态,斜插泥里。

用定位桩移船,横流低时主要靠艉桩完成,横流大时则采用艏、艉桩联合移位。定位桩最大倾侧角度为 30 度,5 米水深时,一次移位距离为 2 米以上,锚定位方式为艏部抛两只边锚,呈八字形。艉部抛 3 只,中间为锚,边锚呈交叉八字形。以此可进行前后、左右移位。锚的形式全部为四爪。主锚绞车为 40 千牛单滚筒液压绞车,可贮缆 500 米;边绞车为 30 千牛双滚筒液压绞车,可储缆 300 米,3 台绞车可同时工作或单独工作。

总布置:该船设两层甲板,甲板之间高度为 2.2 米。挖掘机设于艏部主甲板,舺前设有艏桩和边锚绞车。主甲板艉部设有艉桩、主锚绞车和吊锚杆。主甲板舺后部分设甲板室,包括厨房、厕浴室、维修间、蓄电池室、会议室兼餐厅及两个单人船员室,甲板设有六个单人船员室,其中两个大间为高级船员室,甲板设有内、外走道,T 形内走道可通往两侧外走道及艉部游步甲板,也可以下达至主甲板室。艉部游步甲板另设有斜梯通往主甲板。该船艉部舱内设左、右、中、尾压载水舱、淡水舱及粪便柜,船舯后部为储物舱,舯部设机舱。由于该船型深只有2米,为增加机舱的空间高度,在机舱中央设有升高的机舱棚,高度为800毫米,舯前部为备品舱,船首为左、右艏压载水舱。该船同时有良好的生活设施。

根据用户的使用报告,该船出厂后于1991年9月底开始投产,经一年半时间的使用,挖掘土质都是四类土以上的黏土类、沙土类、碎石卵石类,甚至挖过属12类的铁板砂。从1000多工时及8万立方米土来看,该船建造质量及各种工作性能是令人满意的,事实证明该船挖掘硬质河床的优越性能是其他各类挖泥船所不能比拟的,该船是我国内河山区、丘陵航道工程理想的挖泥船。其主要创新点如下:

一是设计先进,制造精益求精,总布局合理。有良好而宽敞的工作环境及舒适的生活休息场所。抛锚、移船定位利用3根定位桩或5台锚机实现,由于全部采取电、液控制,大大减轻了船员的劳动强度,定位桩动作灵活,定位可靠;锚机运转平稳、拉力大、动作到位准确。在挖掘深度小于7米时,采用定位桩定位,并可由定位桩"行走"做挖掘移位,非常方便省时;挖泥深度大于7米时,采用抓斗施工则利用锚车移位。两套移船定位装置提升了该船对自然条件的适应能力。可在流速为3米/秒的河道中进行施工,这是同吨位的其他种类挖泥船难以达到的。

二是稳性良好,且有足够的船体总纵强度。投产一年多来,船员一致反映其稳性好,一般在6～7级风的情况下施工不成问题,定位桩很稳,与在陆上干活无异。该船在拖航中曾遇到两次7级以上大风,人在船上也感到很平稳。船体总纵强度足够,无论在施工、拖航或停泊时,在大风大浪下船体都很坚挺,各处钢板均无皱褶变形现象出现。

三是施工水域范围广。满载吃水为0.85米,远比其他类型挖泥船小。其施工水域可延伸到100吨船舶航行的6级小河道(保证水深1.0～1.2米),而相

应的绞、吸、链斗、抓、扬式挖泥船能进入 300 吨级船舶的 5 级航道（水深
1.3～1.6 米)施工。

四是挖掘力强,能挖掘各类疏浚土。该船采用长江挖掘机厂生产的 WY-
160A 全液压挖掘机。其铲斗破土力高达 150 千牛,这是其他挖掘设备所不及
的。实践证明,链斗式、绞吸式、索式抓斗挖泥船在挖掘 4 类土以上的黏土类或
7 类以上的沙土类时效率大减,只有原设计生产率的 40％左右。而该船在挖掘
4 类土以上及至 8 类土时效率都很高,满斗率高达 1.0～1.5。通常对于碎石、卵
石土质,绞吸式抓斗挖泥船就无能为力了,链斗式抓斗挖泥船对较松散的土质
尚可,抓斗挖泥船好一些,但挖掘中密或密实的碎(卵)石时就会十斗九空,且易
损坏抓斗。而这艘 1 立方米抓斗(反铲)全液压挖泥船则毫无困难,仍能保持满
斗率在 1.0 左右。对于 11 类及 12 类疏浚土,其他挖泥船可能是毫无办法,唯
独该船能照样施工,这也是该船的创新点。例如,1991 年秋在湘江母山工地
上,河床是大面积的铁板砂,土质由碎石、砂与铁块胶结而成,根据疏浚土分类
属于最硬的 12 类的土质,开始用东海船厂建造的 2.0 立方米索式抓斗挖泥船,
采用 1.5 立方米斗容的抓石斗进行挖掘,根本挖不进去。而该船进场后立即打
开了局面,60 立方米的石驳每台班可挖 5 船,只用了 10 多天就把 4 千多立方
米的铁板砂挖完,出色地完成了任务。但由于铁板砂非常坚硬,设备磨耗很大,
300 毫米的斗齿磨得只剩下 70～80 毫米,20 毫米厚的斗体加强筋已磨断,铲斗
不得不进厂大修。

五是操作方便,下斗准稳。挖泥作业时挖掘机全部动作,用两个手柄进行
操纵,手柄灵活,手指轻轻扳动就可到位。操纵座椅舒适,故船员的劳动强度较
操作索式抓斗有明显的改善。下斗准稳,挖槽平整,挖掘机液压控制能轻易而
精确地将铲斗送到挖掘工作扇面内任一点的设定深度处,同时铲斗不存在因水
流或水深的影响出现而漂斗、躺斗的现象,故该船挖槽底部非常平整,基本避免
了超深废方或挖深不够而造成的返工现象,该船施工完毕的合格率基本为
100％,深受各方用户称赞。

湖南省交通厅于1993年4月组织鉴定委员会,经实际使用证实该船优点突出明显,顺利通过了对该船的合格鉴定和验收。

该船出厂早期即进行大小水下工程20余项,开挖水下硬土28万余立方米。如国家重点工程湘江母山航道铁板砂的开挖、国家重点工程湘潭市湘江二桥桥基工程、长沙港务局码头及湘潭市盐矿码头港池的疏浚、株洲火力发电厂泵房及吸水头安设工程、益阳水厂的水下工程、株洲钢铁厂取水头及水下管道敷设等,为湖南省国民经济建设做出了积极的贡献,特别在交通运输、能源、城市用水等方面起了重大的作用。

该船环保效果好,工作噪声低,挖掘时引起水的第二次污染程度及影响水域范围上都低于其他类型的挖泥船。

总体而言,铲斗挖泥船在我国疏浚船舶中所占份额极其有限,即使大型疏浚公司也少有配置。偶有需要,往往采用购买国外二手船或是购买国外铲斗机在国内装船。国内研制设计大约是从20世纪80年代开始,自行设计建造较小型号的铲斗挖泥船,诸如0.5立方米、1立方米、2立方米铲斗挖泥船,多用于小型航道清淤及农田水利整治。经过技术储备,到1992年前后,为湖南衡阳及湘江等地水域设计建造0.25立方米(见图4-9)、1立方米反铲挖泥船,均取得较好的实效。

图4-9 国内自行建造的0.25立方米液压反铲船(1992年)

5.4 立方米反铲挖石船

1995年,由中国船舶及海洋工程设计研究院研发设计,东海造船厂建造了两艘4立方米反铲挖石船"东浚434"号和"南浚615"号,用于航道开挖和码头建设(见图4-10)。其铲斗挖掘机成套设备从国外引进。该船船长39.6米,型宽14.6米,型深3.2米,吃水2.0米,挖深15.0米,斗容4.0立方米,采用3桩定位,整体技术达到当时国内先进水平,并在随后现代化码头的开挖中发挥了骨干作用。同时该院还会同浙江大学为该船联合研制开发了水下监视仪(见图4-11)并应用在4立方米铲石船上,大大便利了该型船的施工作业。

图4-10　自主设计开发的4立方米反铲挖石船

 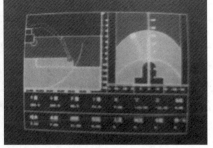

图4-11　水下监视仪

6.1 500 立方米耙吸挖泥船

1990 年中国澳门旅游娱乐有限公司为进行澳-港航道中澳门段的疏浚工作,拟建造 1 500 立方米耙吸挖泥船(见图 4-12),由中国香港华昌国际船舶有限公司总承包,中国船舶及海洋工程设计研究院承担设计,中华造船厂建造。

图 4-12 "娱乐 36"号 1500 立方米耙吸挖泥船在航行中

该船 1992 年初确定技术规格书,1992 年施工设计,同年船厂开工建造,1993 年 2 月 970 千瓦喷水推进组合体交验,7 月下水,10 月顺利交船,船名为"娱乐 36"号,1993 年 11 月 5 日启航赴中国澳门开始施工。

该船总长 73.80 米,垂线间长 69.00 米,型宽 14.00 米,型深 5.00 米,满载吃水 4.00 米,结构吃水 4.30 米,挖深 12.00 米(澳门零水位以下 8 米),航速 11.50 节,挖泥航速(静水),系泊拖力 24 吨,定员 13 人。

该船的技术性能及解决措施如下:

(1)挖泥船作业水深根据船舶所有人提供的"澳门零点"要求决定,故名义挖泥水深为 12 米。

(2)在泥舱满载后,可以在近岸指定海域卸泥,无吹泥要求,往返航行距离不远,舱容设计为 1 500 立方米;其他各项性能指标参照中国船舶检验局(ZC)对沿海Ⅲ类航区的船舶要求设计,但稳性满足沿海Ⅱ类航区调遣的要求。作业时间按每天 8 小时工作计算,自持力 7 天;由于港口水文地理条件的关系,主尺度,特别是满载吃水有一定的限制,设计为 4.0 米;实施机舱和泵舱合一,减少人员,便于管理。

（3）为了简化系统,集中操作,减少操作人员,该船是右单边耙,这种布置方式将庞大的吸、耙泥系统集中于右舷,势必引起船体有大的右倾,故在考虑上层建筑和其他设备布置时,尽可能设置在左舷,上层建筑采取向左不对称布置形式,以尽量消除左右原始的不平衡,若尚有一些初始横倾力存在,也不影响船的性能和使用。同时,油舱、水舱根据挖泥力矩的多变,可进行调节。

（4）针对用户的造价低,主尺度和吃水限制,配员少,管理简便,操作集中等使用要求,科技人员经调研设计采取如下解决措施:

① 船型与主尺度的选择。从经济性和澳门港航道条件考虑,主尺度要紧凑。从装载量大,吃水浅以及总布置上的需要,取较大的船宽吃水比和较丰满的船形系数,这样有利于减小主尺度,降低造价。总之,该船满载吃水限制在 4.0 米以内,由于耙吸挖泥船有大的泥舱,经常处于大的淤泥自由液面流动状态,甲板上又有许多庞大的机械设备,重心较高,出于稳性、安全和总布置上考虑,采用肥大船型,取稍大的船宽吃水比,取船宽 14.0 米,即船宽吃水比为 2.8。

船舶所有人提出,在舱容不小于 1 500 立方米的前提下,尽可能减小主尺度。为提供足够的载重量,必须采用大的方形系数,取 0.82 左右。这样一组船型参数的组合,对快速性是不利的。但该船远距离调遣航行机会不多,而经常的卸泥航行距离也很短,自由航速可取 10.5 节左右,傅汝德数取 0.20 左右,属于低速船,主要的船型参数在一定范围内的变化,不会过于增加阻力和影响挖泥船的正常使用。所以上述一组主要的船型参数的选择,从用户的要求和经济性考虑,是比较合理的。

该船型深的选取从机舱和挖泥系统等布置上的考虑,艉部设 800 毫米的升高甲板。由于干舷较低,考虑到海上航行时的适航性,艏部设短艏楼。

艉部主甲板采用大甲板面,以方便艉耙吸系统和生活舱室方面的布置;艉底部设计成类似隧道型的双流道线型,以使喷水推进组合体进水流畅,并防止空气吸入和便于机体的固定安装。

该船属肥大型低速船型,从快速性要求,浮心拟在舯前。同时为机舱和泵舱合一,艉机型加上挖泥系统集中在艉部,空船重量也集中在艉部,而泥舱容积占全船的比例很大,泥舱满载时重心很快前移,所以维持纵倾平衡相当困难。为了保证在各种装载情况下艉部推进器的浸深和在满载时船的纵倾平衡,经过详细核算,浮心位置取在偏船舯前1%垂线间长处。

② 选用喷水推进组合体作为推进装置。耙吸挖泥船对推进和操纵性要求高,因其作业工况复杂,在繁忙航道中工作,必须具有优良的操纵性。

要提高船舶经济性就要充分发挥主机的功能,推进器和推进方式的选择是关键。以往这类船舶多采用可变螺距螺旋桨,对耙吸挖泥船的性能来说确实是理想的,但费用较大,且用户反映,可调螺距螺旋桨机构复杂,经常出问题,维修保养麻烦,费用高。因此,船舶所有人宁愿做某些牺牲而要求使用常规的定螺距螺旋桨,以弥补上述缺点。该船首次在耙吸挖泥船上大胆采用该院的研究成果——喷水推进组合体。首先喷水推进组合体是一项成熟的技术,已取得国际海事组织的认可;其二,该装置已经在渤海油田的三用拖船等船上实际应用,无论从理论计算、实验到实船证明,还是其低速推进和高速推进性能,都是良好的,效率完全可以与可调螺距螺旋桨相比拟,且在船舶高负荷低速或低负荷自由航速时,主机始终能在额定转速下运行,充分发挥了主机功率,于是确定采用该装置。通过实船航行试验,一次成功,各项性能指标均达到设计要求;到澳门实地挖泥施工证明,用户对该船的推进性能、操纵、回转等性能是满意的,自由航速超过设计指标达到11.5节,在没有利用艏侧推装置的情况下回转操纵自如,深受用户和参试者的一致好评。

为进一步改善该船在狭小的澳门航道中低速航行作业和离靠码头时的可操纵性,如果利用挖泥吸排系统的冲力,利用长的管道把水引到艏部的常规做法不合理,故采用艏侧推装置。由于在轻载航行时艏吃水很浅,常规的侧推装置会出现吸空现象甚至露出水面,于是确定采用一种新型的T形侧推装置。由船底吸水,侧推桨定向旋转,以液力控制的蝶阀改变水流方向,产生左、右侧向推力,解决了极浅处流道进水问题,大大提高了侧推装置的效率。

③ 精细布置挖泥系统。该船为单右边耙,泥泵舱在艉部与机舱合一。耙吸系统集中于艉部右舷,泥浆的排管从艉部通向泥舱,泥浆排放口理应放在泥舱前端,溢流口在泥舱末端,有利于泥浆溢流沉淀。但这样的布置容易使淤泥集中在泥舱前端,使船在满载时造成艏纵倾,同时溢流口离机舱太近,泥砂容易浸入海底门而进入主机。该船的排泥系统在泥舱后端设一可调式排放口,以便随时调节泥舱前后的排放量,调节船的纵倾平衡。考虑到泥浆溢流沉淀的效果,将溢流口布置于泥舱中部两侧,这样也尽可能兼顾了减少泥水对机舱海底门进水的影响;还采用了大口径大排量的单耙,可以起到双耙的效果,设备却减少不少,简化了布置,减少了投资。

④ 总布置实现浮态平衡。该船主尺度小装载量大,甲板面积紧张,纵、横倾平衡困难,尤其是庞大的耙吸系统,占据着艉部大部分甲板面积,给总布置和纵、横倾平衡造成困难,为解决这些矛盾,尽可能增加甲板面积,特别是艉部,除保持一定的圆弧外,几乎是接近长方形;机舱和泵舱合而为一,紧凑机舱布置,减小占用面积;上层建筑不对称布置,这样既满足了耙吸系统所必需占用的大的面积,又尽可能抵消笨重的耙吸系统的不对称重量,减少压载。实践证明,这种布置是合理的。

该船交船后使用情况良好,用户满意,主要优点可用三创、一好、二少、一大、一高来概括。

三创是首创喷水推进组合体在耙吸挖泥船上应用;首创T形船底进水艏侧推装置在浅吃水工程船上的应用;首创在耙吸挖泥船上,全不对称布置,解决布置和不对称重量问题。"一好"是船舶性能好。"二少"是主尺度小,初造投资少;机舱和泵舱合一,设备简化管理集中,船员减少。"一大"是相对装载量大。

"一高"是挖泥系统和耙头效率高,带动了经济效益的提高。由于设计上采用喷水推进组合体,降低了成本,与常规可调桨推进相比,节省费用数十万元,由于挖泥效率提高,每年约多挖泥 40 万立方米;该船为我国内地工程船进入港澳市场填补了空白,积累了经验,奠定了基础;该船是一艘具有一定特色的经济型耙吸挖泥船,适用于劳动力少、工作效率高的国际市场。喷水推进组合体的应用,也为工程船的推进提供了崭新的方式,是一种创新。

7. 新一代 1 500 立方米耙吸挖泥船

20 世纪 70 年代长江航道局曾从荷兰 IHC 进口的 1 500 立方米耙吸挖泥船,用于长江中、下游航道疏浚。但随着船龄老化,生产效率明显降低,油耗增加,随船配件已耗尽,维修困难,已难以满足长江航道疏浚工作的需要,因而需要设计建造新一代 1 500 立方米耙吸挖泥船(见图 4 - 13),1992 年中国船舶及海洋工程设计研究院受托承担该船的技术设计和施工设计。

图 4 - 13　新一代 1 500 立方米耙吸挖泥船

中华造船厂于 1995 年开工建造,1996 年竣工,进行试航和试挖作业。试航航速达到 11.66 节,超过了技术任务书 11.60 节的要求。耙吸作业时拖力充足,各项指标均满足合同约定的主要技术性能指标要求。1996 年 7 月交船,船名"航浚 10"号。

该船为双机、双桨、双边耙设置、单边耙作业、自航自载耙吸挖泥船,适于吸挖淤泥、沙质土、黏土及密实细砂。主要用于长江中下游航道疏浚,并兼顾沿海港口水域航道维护整治。

该船按照中国船舶检验局有关规范设计、建造,按沿海航区入级 ZC。总长约85.0 米,垂线间长 79.8 米,型宽 15.0 米,型深 5.5 米,设计满载吃水 4.5 米,满载排水量 4 540 吨。泥舱名义容积为 1 500 立方米,对应载泥量为 2 400 吨。泥舱计算至泥舱围顶部板下 200 毫米处可达最大容积 1 991 立方米。该船结构设计吃水为 5.0 米,为富余干舷船,故在航道水深许可下可适当超载。该船稳性满足ZC[①] 规范对耙吸挖泥船近海调遣、沿海作业的要求,对远洋航区的调遣稳性专门进行了校核。机舱、机泵舱分设泥舱两端,设艏、艉楼,艉楼上设两层甲板室及一层驾驶室。

船上设置 50 千牛·米电动液压舵机和 ϕ40 毫米、工作荷载 68 千牛液压双链轮卧式锚机各 1 台,配置了 3 只 1 750 千克波尔锚,其中 1 只备用,敷设两个面积各为 5.7 平方米的悬挂式流线型平衡舵。在艇甲板(艉楼甲板室前端部)设置56 人 8 米玻璃钢救生艇及 22 人 8 米玻璃钢工作艇各 1 艘,均采用重力式加长滑轨吊艇架。艏部设 6 吨桅杆吊一座。泥泵舱内设 5 吨行车一座以拆吊泵壳与叶轮。

该船采用常规肥大型运输船线型,方形系数达 0.817,横剖面艏部为缓 U 形,艉部为 U 形。浮心偏艏前,半进水角为 48 度。为增加甲板面积、简化制造工艺,船舶采用改良巡洋舰平封板艉。艏柱略向前倾,艉部设分水踵以改善航向稳定性。梁拱采用折角形,艏部耙架滑槽下端突出船体部分予以封包,以与船体型线平缓过渡,减少涡流。

航行与挖泥动力装置均采用柴油机直接驱动,实行机舱、泵舱分隔与机舱、泵舱集控,航行主机为 6L28/32 型,1 320 千瓦,泥泵主机为 6L20/27 型,600 千瓦;冲水

---

① 中国船舶检验局。

泵主机为 5L20/27 型,375 千瓦;主发电机组 TBD234V8/FCS354 型,220 千瓦。总装机功率为 4 339 千瓦。航行时主机采用 6L28/32 柴油机两台,每台持续功率为 1 320 千瓦,转速为 775 转/分,减速箱速比为 3.087。螺旋桨设计兼顾了耙吸作业状态及自由航行状态,以确保作业时有充裕的拖力,自由航速满足任务书的要求。该船 6 节航速耙吸行作业时,净拖力可达 180 千牛,自由航速设计可达 11.6 节。泥泵清水流量 7 300 立方米/时,扬程 16 米,吸/排管径 700/650 毫米,吸挖的泥砂能直接装船、装驳,亦可将低浓度泥浆直接排出舷外,泥泵装置兼作为艏侧向喷水推进与卸泥时稀释泥浆用。

该船从方案设计开始,即着眼于赶上 20 世纪 90 年代初的国际水平,在技术先进性方面有以下几个特征:

(1)泥舱容积大。实际泥舱容积接近 2 000 立方米,舱容明显增大,效率高,装载量大,经济效益显而易见。

(2)关键设备选用国内、外名牌产品,为该船作业性能的有效发挥提供了有力保证。

(3)泥舱、泥门装卸系统具有泥门少、泥舱密闭性好,挖泥航行阻力小,泥舱结构光顺平整,船体结构重量轻,装卸效率高,具有新颖的消能、溜泥装置等优点,是国内首次采用的新型装载与卸泥系统。维修方便费用低,仅新型泥舱泥门一项的采用即节省建造成本 200 余万元。

(4)船上配备了国产 DB 耙头耙吸管。吊放装置采用两支点式,它比常用的 3 支点式可省去 1 套吊放装置和吸管双向摆动接头,减少了一个控制程序,不仅经济,操作也方便,开挖的河床剖面较为平整。在部分系统国产化方面取得了明显成绩。溢流筒装置、耙吸架升降装置、全球定位系统,均达到了较高的水平。使用的喷射泵泥舱抽干系统则是当时国内外耙吸挖泥船都还不曾有过的独创的新技术。

(5)船体结构采用纵、横混合骨架式。机舱与泥舱的船底、内底与甲板为纵骨架式,其余均为横骨架式。该船舶在机舱与泥舱区域设双层底,以确保泥泵的安装与吸入性能,这样的泥舱结构是国内首次使用。结构构件尺寸除满足按规范计算要求外,还进行了总纵强度计算与泥舱局部强度与刚度计算,并按计算对局部强度进行了适当加强。

(6)螺旋桨原设计为楚氏德 B 型四叶桨,直径 2.5 米,盘面比 0.57,螺距比 0.745 2。后为解决振动问题,改用 AU 型五叶桨,直径 2.3 米,盘面比 0.70,螺距比 0.89,以改变激振频率,降低激振力;此外还加长了呆木,以改善螺旋桨处的流场。

交船使用后,据用船部门反映,平均每天挖泥量高达 10 000 立方米,在经济性、先进性、使用可靠性及可维修性方面均明显超过 20 世纪 70 年代从荷兰 IHC 公司进口的 1 500 立方米耙吸挖泥船,而是具有 20 世纪 90 年代初国际水平的新一代耙吸挖泥船,泥舱抽干系统还是当时独创的新技术。1997 年 1 月,长江航务管理局在南京召开了该船的技术评估会,专家组对该船进行技术评估,取得一致评估意见:

(1)该船立足于国内开发设计,国内建造,采用国际先进技术引进关键设备。这一决策思路是正确的,符合客观实际,符合中国国情,为我国同类型挖泥船的建造提供了一个可借鉴的模式。

(2)该船设计任务书合理,交通运输部对设计建造过程中的各关键阶段特别是方案设计审查、技术设计审查是认真而慎重的,决策是科学的。完工后实船的航行性能、疏浚性能及各项技术性能指标完全满足设计任务书及交通运输部有关文件技术要求。

(3)由于采取了国内设计建造,关键设备引进的方式,其实际造价约为整船进口价的一半。投入运行以来,施工 100 天已完成疏浚土方 100 万立方米,经济效益明显。

(4)该船的设计非常成功,建造质量良好,与 20 世纪 70 年代国内进口的同类型挖泥船比较,该船可利用的实际舱容大(最大舱容为 1 991 立方米),挖泥效率高,在疏浚自然容重 1.93 立方米的密实细砂时,泥浆浓度达 20%～30%,

平均装舱时间为 42 分钟,疏浚性能已达到国内外同类型船舶的先进性能指标。

综上所述,该船总体性能具有 20 世纪 90 年代国际水平,首制船主要指标已全面达到并超过预定目标。但美中不足的是在若干主机转速出现了艉部局部振动和噪声,因而后续船改造艉部线型,调整双推进器间距,解决了艉部振动和噪声后,该船相继建造了 5 艘,泥舱容量均达 2 000 立方米,成为长江航道疏浚的主力船型。

8. 800 立方米对开耙吸挖泥船

1995 年泰国交通部港务厅公开招标 800 立方米对开耙吸挖泥船(见图 4-14)。该船技术规格书要求:双绞联接分体式船体结构,浮动式上层建筑,多功能、装舱自载、边挖边抛、开体抛泥;双机、双变螺距螺旋桨、双耙、对开泥舱耙吸挖泥船。广州文冲造船厂获悉后,于 1995 年 7 月邀请中国船舶及海洋工程设计研究院一同参与投标。1996 年 1 月泰方宣布文冲船厂中标。1996 年 10 月文冲造船厂与该院签订设计技术合同。1998 年 1 月在泰国交船,其中还包括在泰国的挖泥试验,因此在设计时采取如下措施:

图 4-14　800 立方米对开耙吸挖泥船

　　在提前启动设计的基础上,1996 年 10 月即开始完善技术设计与施工设计。鉴于造船周期短,采取边设计、边施工密切配合,施工设计前期解决送审,后期解决施工图纸。中国船舶及海洋工程设计研究院于 1996 年 10 月至 12 月完成主要送审图纸[包括向英国劳氏船级社(LR)送审图和船舶所有人送审图];主要材料设备订货单和技术要求;与船舶所有人澄清技术规格书一系列问题;主要结构施工图纸等,确保船厂开工。最后于 1997 年 4 月完成全部施工图纸交付船厂。

　　文冲造船厂于 1997 年初开工,中国船舶及海洋工程设计研究院先后派出500 多人次赴厂配建。同年 12 月建成并进行倾斜试验,随后在广东虎门至珠江口进行试车试航和挖泥试验。为确保试验顺利进行,在试航前船厂对该船的设备和系统逐项进行预试验和调整,包括主机、辅机、泥泵机、液压泵站和耙吸系统、耙管耙头吊架系统、边抛系统、锚泊系统、救生消防系统等。

　　1997 年 12 月进行试航、挖泥、边抛、开体等试验。其次进行挖泥试验,打开双泵,溢流筒调节至 800 立方米舱量,约 10 分钟就开始溢流,按估计标准3 类土,不到半小时就可以挖满 800 立方米泥舱。按照标书规定,在一小时之内要求挖满 800 立方米一舱泥,该船的挖泥效能、效率已超过用户的要求。然后进行开体试验,从 0 度开至最大开度左右各 16.7 度(×2)耗时在 3 分钟之内,从最大开度至完全闭合约 4 分钟。无论开启还是闭合,均未出现卡死现象,说明设备及液压系统是可靠的。

　　1998 年 1 月 3 日由拖船拖往泰国进行试航和交船,1 月 11 日该船到达曼谷海军码头。在对泰国船员进行培训后,1 月 16 日在巴泰雅海域由泰方操作,进行所有船舶性能和挖泥作业试验,包括主、辅机和各种航行设备考核;操纵、航向稳定性、回转、观察;自由航速测定,平均航速约为 11.50 节;挖泥试验;开体卸泥试验,其中开体水下摄影检查等,由英国一家公司操作。

　　整个试验进行非常顺利,各项性能指标达到或超过招标文件中的要求,特别是该船振动很小,船舶所有人连声称赞"OK!"。次日双方进行了签字交船仪式。

该船总长 65.00 米,垂线间长 61.20 米,型宽 14.00 米,型深 4.75 米,设计吃水 4.00 米,结构吃水 4.10 米,总吨位 1 417,泥舱容量 800 立方米,泥浆比重 1.40/1.70(吨/立方米),最大挖深 12.20 米,泥泵流量 2×3 000 立方米/时,泥泵总扬程 15.00 米,自由航速 10.00 节,航行主机功率 2×895 千瓦,泥泵主机功率 2×280 千瓦,主发电机功率 2×400 千瓦,船级 LR ∗ 100A1 SPLIT HOPPER DREDGER THAILAND COASTAL SERVICE,挂泰国国旗。

该船主要特点如下:

(1) 具有对开体卸泥功能。这是一大特点,由于边抛技术也很有效,船舶所有人要求增加此功能,设计团队在研发时又做了适当的修改,满足了船舶所有人的要求,使该船的功能更加齐全。这种对开式泥舱结构相当于常规船的特大开口,为了保证该船有足够的强度,设计团队采用不同计算方法和措施,确保船体结构的安全。首先,总纵强度按照船舶入级和建造规范对大开口船规定的计算法进行计算,在确定船板厚度和结构尺度以及结构形式上,考虑到满足规范要求。为了安全起见,设计团队又根据该船总体设计对泥舱、机舱、泵舱等结构设计的要求,进行了船体总纵强度的校核,校核结果应力分布基本符合要求。其次,船身开体时整体甲板室要在主甲板上浮动,甲板室采用两对支点铰链与主甲板联结,由于甲板室尺度大,主甲板上同时辅以支墩和锁块,以确保航行时甲板室的稳固联结。

(2) 具有双绞联结的双片体船体结构。船身片体的开闭由设在泥舱前后的两个直径 560 毫米、行程 3 000 毫米的液压缸驱动,最大开度 2×16.7 度,全开时间 3 分钟,全闭时间 4 分钟。

(3) 采用双机、双桨推进。该船机舱设于艉部,左、右片体机舱各安装 1 台 895 千瓦,1 300 转/分的柴油机,驱动三叶可调桨,挖泥船满载航速为 10 节。左、右片体机舱还各安装 1 台柴油发电机组,在航行和挖泥作业时供电。

(4) 采用双泵双耙挖泥。该船泥泵舱设于艏部,左、右片体泥泵舱各安装 1 台 280 千瓦、1 300 转/分柴油机驱动,1 台 3 000 立方米/时、15 米扬程的泥泵。在船体两舷布置两列带加利福尼亚型耙头的耙管,左右舷耙管各由 3 台具有升沉补偿功能的液压吊架/车操纵。

该船研发成功引起疏浚业界的关注,因为对开耙吸挖泥船是一种新型挖泥船,功能特别,耙吸与对开结合,在此之前国内既未设计亦无进口实船,国际上仅有著名的 IHC 公司和 KRUPP 公司设计建造过,中国船舶及海洋工程设计研究院设计团队在短期内完成设计,填补了国内该型挖泥船的技术空白。

该船的研制成功促进了挖泥机械国产化,大大降低了建造成本。该船除了液压系统和两个对开大油缸之外,所有挖泥机械设备均为中国船舶及海洋工程设计研究院设计,国内厂家生产,包括泥泵、耙头、液压闸阀、溢流筒和液压绞车等,不仅大大降低了该船的建造成本,也有力促进了国内船舶机械行业国产化的发展,提升了挖泥船及挖泥机具打入国际市场的竞争能力,如1 只加利福尼亚耙头,IHC 公司报价 20 万马克,折合人民币 100 万元。中国船舶及海洋工程设计研究院研发,由东海造船厂生产的耙头仅 7.8 万人民币,是国外的 1/12.8。

国内试挖、泰国曼谷港口交船试验以及随后半年多时间的实践证实,其各项性能指标均不输进口船,有力地证明了在 20 世纪 90 年代,我国的挖泥船研发水平已开始迈入国际先进行列。

9. 300 立方米多功能耙吸挖泥船

1995 年云南省机械设备进出口公司委托中国船舶及海洋工程设计研究院为缅甸使用的多型船进行报价设计,随后邀请缅甸交通部主管该工程的交通部副部长来中国船舶及海洋工程设计研究院进行实地考察。云南省机械设备进出口公司在获得供货合同后,于 1999 年秋,与中国船舶及海洋工程设计研究院签订设计合同。要求以荷兰 IHC 公司提供的方案为基础,重新进行研究设计,找出原方案的不足之处,对之进行修改。中国船舶及海洋工程设计研究院按要求提出了修改方案,完成 300 立方米多功能耙吸挖泥船技术设计和施工设计,由中国船级社 CCS 审图,新河船厂建造(见图 4 - 15)。

图 4-15　300 立方米多功能耙吸挖泥船

在该船设计过程中,中国船舶及海洋工程设计研究院与新河造船厂派出的技术人员一起参加设计测绘工作,及时解决施工过程中出现的工艺问题,确保了该船如期竣工。

该船总长 39.60 米;垂线间长 38.00 米;型宽 10.20 米;型深 3.20 米;最小吃水约 1.25 米;泥舱容积 300 立方米;耙吸挖深 9 米;抓斗挖深 12 米,最小吃水时航速 8.20 节,满载吃水时航速 7.20 节;主机 2×175 千瓦×2 000 转/分;吸管直径、排管直径 200 毫米;泥泵柴油机 1×105 千瓦×2 000 转/分;抓斗机能力80 吨·米;抓斗斗容采用两只直径为 2.20 米的锥形泥门;泥浆喷射距离大于50 米。

试验分系泊试验和航行试验两部分。系泊试验包括灭火系统和消防设备试验,空气管、测量管系统,生活用水设备,燃油系统,滑油系统,排气系统,冷却水系统,压缩空气系统,舱底水系统及油污水分离器试验,压载管系统,机械通风系统,发电机组柴油机的运转试验、调速试验,主、辅机启动试验,主机负荷试验,柴油机过载保护装置试验;航行试验包括主机负荷试验,主机气缸工作均匀性试验,主机最低稳定性试验,主机燃油消耗率测定这两项试航试验,均符合技术规格出书规定的要求。

　　该船主要用于缅甸仰光及其上游区域的航道疏通和码头清理。根据缅甸国情和当地水文地理特殊要求设计,做到主尺度小、吃水浅、功能多,这种集多种用途于一体的经济型挖泥船,当时在国内、外这一设计均属首创。

　　该船设计难点:首先300立方米挖泥船是一艘多功能挖泥船,且有自载和边喷、抽舱等功能,沉重的抓斗机和耙吸系统设备,同时还要保证推进器的浸没深和泥泵吸入口的深度,故在轻载、满载时的纵倾问题至关重要;其次作业功能不同所产生的矛盾处理与协调;再次是船体的受力情况复杂,对不同位置采取不同的结构形式;最后各专业重量的控制,还有3根定位桩的设计要保证收放自如,具有足够的强度、刚度,且定位桩收起时不超出基线。

　　针对缅甸船舶所有人要求的主尺度小、功能多、设计建造周期短及时间紧等难题采取如下措施:

　　(1)对主尺度进行分析研究。主尺度如果按照IHC公司提供的方案是不可能的,装载300立方米清水也有困难,别说船上要安装这么多设备。在不违背船舶所有人意愿的基础上,对主尺度进行了优化设计。

　　(2)研制了柴油机及齿轮箱的遥控装置。由于该船的机舱设在艉部,离驾驶室很近,故机舱内推进主机及齿轮箱在驾驶室采用双手柄软轴操纵装置遥控操纵。泵舱设在艏部离驾驶室的距离较远,故泥泵主机及齿轮箱采用EC200遥控装置——操纵手柄将电信号传送到泵舱控制箱,控制箱通过软轴对泥泵主机进行控制,通过电缆对齿轮箱进行控制。这是既考虑降低建造的成本又能实现设备功能的一个综合办法。

　　(3)解决了推进主机换向时出现熄火的问题。在试车过程中,进行主机从正车到倒车,或从倒车到正车的操作过程中发现会出现主机熄火的现象。后经设计团队到现场查看,发现主要问题是换向过程中的延时时间不够。由于主机采用软轴遥控方式,遥控设备厂商无法设置延时装置,加上操作人员刚开始比较紧张且不熟悉，所以才出现熄火问题。设计团队建议船厂在驾驶台上加装一只计时器，当计时器的延时时间一到，台面上的灯亮起来，提醒操作者可以进行下一步的换向操作。

（4）密切配合，合理设计，经常交流。为了缩短出口船建造周期，该船在设计、建造中，设计团队与工厂密切配合是关键，设计要合理，工厂要积极支持，相互之间要经常交流，取长补短，努力合作，这是该船快速完成研制的经验，也为今后出口船建造树立了榜样。

（5）攻克挖泥设备需要兼顾耙吸、喷射、抽舱三者之间要求的难题。设计团队经过大量计算、翻阅资料和调查研究采集国内外各种泥泵的特性，与国内、外有关厂商进行技术谈判，选定了合适的设备厂商并结合本身的系统优化设计，做到该船既满足耙吸要求，又满足喷射、抽舱的需要，一套系统和泥泵具有多种用途，可谓一举多得。

该船具有多项创新成果：

（1）船型创新。为了达到优良的性能，通常要求是专用性，如耙吸挖泥、抓斗挖泥、边抛挖泥、喷射挖泥等。但是，该船除要有上述功能外，还要满足自载、开底卸泥、抽舱抛泥等多种功能。据可查的资料，国内、外还没有这种多用途的挖泥船，更不用说船的主尺度又那么小，问题相当复杂。设计团队从该船主要功能是耙吸和抓斗挖泥着手进行设计，首先合理安排布置耙吸设备、抓泥作业的抓斗机和锚泊定位绞车，其后见缝插针地完成边喷和抽舱等各项设备，实船证明布置相当成功，各项作业不存在相互干扰的问题。

（2）主尺度设计创新，耙吸、喷扬、抽舱等系统多用途的创新。

（3）国产化程度高。一船多用，设备利用率高，投资少，造价低。采用国产设备，经试验考核达到设计任务书的要求。

该型挖泥船是我国继1500立方米耙吸挖泥船、800立方米对开耙吸挖泥船出口之后，又一次走出国门，扩大了我国在工程船制造业的影响，提高了中国挖泥船在国际上知名度，取得了良好的社会效益。

10. 260 型 80 立方米/时液压斗轮挖泥船

疏浚作业中,会遇到硬质土和风化岩等土质,此时绞刀难以开挖,致使绞吸挖泥船的生产效率明显下降,甚至无法施工。挖掘斗轮装置可解决这一难题。斗轮挖泥船的优点:一是挖掘和输送的连续转换,泄漏少;二是与摆动方向无关的有利挖掘性能和在较大风浪中仍可获得较高产量的性能。绞吸挖泥船的优点是造价和维修率低,功率需要量小,吸管架和挖泥工具重量轻,挖泥深度可不必依靠其他船舶,能独立完成作业。

根据上级要求,中国船舶及海洋工程设计研究院对 20 世纪 60 年代从荷兰引进的"海狸"号 260(马力)型全液压绞吸式挖泥船进行统型设计。经对使用该型挖泥船的用户调查分析,设计团队认为采用 20 世纪 70 年代中期在国际上问世的斗轮挖泥船的船型更适合使用,且具有发展前途。

研发新船型是有风险的,无论是斗轮本身,还是其支撑架构等诸多技术在当时均为空白。设计团队怀着发展我国挖泥船事业的坚定决心,在有关领导的支持下,与镇江造船厂合作研发该型船。对方于 1986 年 11 月 18 日签订合同,设计团队以研发设计作为智力投资,与船厂协定在船厂第 5 艘船建造结束前不得将该船图纸转让其他船厂,并在设计费上给船厂以优惠,船厂承担试制。

该船确定为 260 型 80 立方米/时液压斗轮挖泥船。1987 年 1 月完成扩初设计,同年 3 月完成扩初设计修改方案,6 月实船施工完成,1988 年 12 月完成系泊试验和软质土试挖,1989 年 2 月中旬举行硬黏土试挖,均获得成功,完成了试验、交船。

该船总长 28.0 米,垂线间长 18.0 米,型宽 5.8 米,型深 1.4 米,设计平均吃水 0.9 米,排水量 83.6 吨,最大挖深 8.0 米,主机型号 12V135AC,持续功率 190 千瓦(259 马力),辅机型号/功率 2105/12 千瓦,泥泵清水流量 800 立方米/时、扬程 40.0 米,吸/排管径 $\phi275/\phi275$ 毫米,排远 500 米,定位桩台车行程 2.0 米,自持力 10 大,固定建筑距水面高 4.0 米,航区为长江 B 级。

该船为箱型、钢质、非自航、整体式挖泥船。能广泛适用于各地区中、小型航道、港湾及湖泊的疏浚，蓄水池、运河等水利工程的开挖，吹填洼地、农田改造、围堰筑坝等方面。

该船以连续均衡作业的斗轮取代传统的绞刀切削，以定位桩台车移船取代两桩交替移航作业，同时配有相应的电液集中控制、指示装置。除设有常规的泥泵压力/真空表和水封泵压力表外，另配有对主机滑油压力、温度、冷却水温度、齿轮箱滑油压力、温度的检测报警装置，此外还有台车行程指示和斗轮挖深指示装置及液控真空泄放阀，并配微机控制系统，从而使该斗轮挖泥船成为当时我国第一艘设计合理、设备先进、工效较高的新船型。

该船斗轮结构设计技术创新点如下：一是泥斗只有斗体和斗唇而无斗底；二是该船在相同功率下斗轮的切削力比绞刀大 1 倍，故适宜挖掘硬土和密实的泥砂，由于斗轮的泥斗布设安稳，泥砂只能通过斗唇的间隙进入吸入腔内，切削土层薄而均匀，不易堵塞吸口和叶轮，能持续高效地进行挖掘和输送；三是解决了精确定位桩移动台车装置技术。为了确保斗轮始终自下而上的切泥方向以及使切泥的厚度保持一致，斗轮挖泥船定位精确保证切削轨迹，避免重挖或漏挖。每挖一个扇形面积，便须暂停挖泥，待行走完毕并重新定位后，才能继续挖泥。从这样的操作过程看，如能尽量压缩行走和更换插桩时间，则就可提高挖泥生产量。而定位桩台车移动装置的设计就向这方面的改进跨出了一大步。

为了适应枯水期在河水较浅的水域内也能放倒定位桩的要求，以便于拖航，该船在船尾增设了左、右各一组箱形墙架式结构的定位桩浅水翻桩装置。经实船试验，该定位桩浅水翻桩装置基本上解决了浅水翻桩难题，此时桩尖离船底约 500 毫米。据查定位桩在这样的位置上翻桩，国内外的挖泥船也极为少见。

1994 年 12 月，有关方面对该船使用效能作出评价：经过 6 年的使用证明达到了原设计目标要求，参加了上海的太浦河、安徽的华阳、漳河、南漪湖等疏浚工程。从施工情况看，80 立方米/时液压斗轮挖泥船尽管其主机功率与

80 立方米/时绞吸挖泥船相同,但在挖硬土时工效却比 80 立方米/时绞吸挖泥船高出 50%,由于该船还采用先进的定位桩台车新技术,减少了换桩次数,增加了挖泥时间,单单减少的换桩时间就可提高工效 15%以上。集中电动-液液控制的采用,降低了船员的劳动强度,减少了控制室的油污染,从而使该船在国内同类产品中处于领先地位,在挖泥船市场上具有较强的竞争力,为使用部门带来可观的经济效益。

斗轮挖泥船的研发成功填补了我国在斗轮挖泥船方面的空白,为其后的斗轮挖泥船的设计打下了技术基础。该船在 1990 年中后期和 21 世纪初有多型问世。

第三节　跨越创新　攀登高峰(2001 年至今)

一、概述

21 世纪随着国民经济的持续稳步发展,促进了沿海港口基础设施及大型枢纽港深水航道建设工程的发展,如长江口深水航道治理、上海洋山深水港建设工程、河北曹妃甸一期工程、天津滨海开发区建设以及北部湾港口建设和航道拓宽工程、海岛建设等,犹如雨后春笋,为疏浚市场及疏浚装备制造业带来了勃勃生机,迎来我国疏浚行业的新发展。

2001 年 11 月中国疏浚协会成立,旋即加入世界疏浚协会联合会。2003 年 11 月在上海成功举办了"第一届国际疏浚技术发展会议和展览会",2010 年 9 月中国疏浚协会在北京承办了名为"疏浚使世界更美好"的第 19 届世界疏浚大会,我国疏浚行业快速融入世界疏浚市场。

疏浚市场的快速发展,必然急需高效先进的各型挖泥船,我国挖泥船研发单位和造船厂抓住这一时机,相应加速发展。中国船舶及海洋工程设计研究院、上海船舶研究设计院、长江船舶设计院等与航道部门密切配合,加大了挖泥船研发力度,不少民营企业、造船厂设立了挖泥船的研发机构,上海交通大学海洋与船舶设计所从 21 世纪起进入研发挖泥船领域,增强了我国挖泥船的研发实力。在国家有关政策的扶持下,使用部门、科研单位、著名大学、造船厂各方全力协同,努力在原创上取得新突破。事实证明,关键技术是买不来、要不来的,要坚持自主创新,只有自主创新才能创造未来,关键技术、核心技术要牢牢地掌握在自己手中!在这一时期疏浚装备科技人员突破了多项高新技术,使我国挖泥船研发技术水平快速提升,跨越性地走进世界前列。

这一时期是新中国挖泥船研发最耀眼的阶段。科技人员坚持技术攻关,牢牢地把握研发建造疏浚挖泥强国的战略目标,抢占挖泥船科技发展先机,自主创新、跨越发展,高新技术不断涌现、做大做强,攻克了不少技术难题,超大型挖泥船不断建成,为国民经济建设做出贡献。进入 21 世纪以来,随着我国经济建设总量以及大型疏浚工程项目的骤增,一大批具有自主知识产权、现代化、大型化以上高技术、高附加值挖泥船相继问世,填补了国内多项空白,满足了国内需求,为疏浚市场做出了新成绩。

二、这一时期挖泥船的研发特点

习近平总书记指出:核心技术是买不来的。实践证明,新中国成立后,西方国家屡屡对我国进行经济、技术封锁,而我国科技人员依靠实干勤奋和不断刻苦学习的精神,突破了一项项高新技术,使我国逐步走向强大。对于我国疏浚业来说,也是靠着这种精神才有今天的一片新天地。事实有力地证明关键技术、核心技术只能牢牢地掌握在自己手中!这一时期中国船舶及海洋工程设计研究院等科研、院校、企业大力加大挖泥船的研发力度,并研究设计了多种型号的挖泥船,特别是 2003 年后建成交付使用的多艘大型耙吸挖泥船和绞吸挖泥船,在我国的海洋建设和基础建设中发挥了重大作用。

(一)攻克掌握关键技术、研发大型挖泥船

大型化。提高单次航程作业效能主要条件是船舶的大型化。根据不同的船型,加大原有的舱容、提升疏浚机具能力和增大动力装置。以耙吸挖泥船为例,此前建造过的船泥舱容量最大仅有 4 500,多为 1 500 立方米以下,已难适应需要。2001 年 4 月上海航道局委托中国船舶及海洋工程设计研究院利用万吨级旧货轮改装设计成 12 000 立方米耙吸挖泥船,投入使用。紧接一批舱容高达 9 000 立方米、13 000 立方米、18 000 立方米,甚至 20 000 立方米的新建耙吸挖泥船相继问世,总数多达 30 艘。

大功率。为提高作业效能,各类挖泥船均要求配置大功率疏浚机具,泥泵、绞刀和高压冲水系统等。以绞吸挖泥船为例,1999 年最大的生产率 1 500 立方米/时。2010 年研发建造成功地为 4 500 立方米/时,绞刀功率 4 200 千瓦,总装机功率大幅度提升,高达 19 200 千瓦,2018 年研发建造成功的,发展到 6 600 立方米/时,绞刀功率达到 6 000 千瓦,总装机功率达创纪录的 25 843 千瓦。

大挖深。无论是深水航道建设,还是挖砂填海造陆,挖泥船的挖深都是一个重要指标。20 世纪 90 年代,我国挖泥船的挖深多为 20 米以内。随着装备水下泵和装机功率加大,各类挖泥船的挖深逐步增大,耙吸挖泥船最大挖深已达 90 米,绞吸挖泥船也深达 38 米。

大型化、大功率、大挖深的新型挖泥船必须以技术为支撑才能实现,挖泥船研发科技人员遵循这一理念,找准技术短板,紧盯国外疏浚技术发展趋势,攻坚克难,自主研发出了几十艘大型、超大型的各式挖泥船。

2011 年建成的泥舱舱容 20 000 立方米的“通途”号挖泥船不仅创造了舱容、挖深、装载量等耙吸挖泥船性能的多个国内第一,使国内大型耙吸挖泥船的自主创新研制跨上了一个新的台阶。

2001 年后,我国依靠自己的技术实力,实现了跨越式的创新,不但研发了大型耙吸挖泥船,如“新海凤”号、“通程”号、“通途”号和“长鲸”号等万立方米以上的耙吸挖泥船(见表 4-1);还研发了多型的大型绞吸挖泥船,如“天鲸”号、“天鲲”号绞吸挖泥船,在 2021 上半年智能型的“昊海龙”号也已建成(见表 4-2),充分展示了我国研发的大型挖泥船具有的技术和实力。

表 4 - 1 2000—2020 年以来国内建造的大型耙吸挖泥船

序号	船 名	舱容/立方米	船舶所有人	数量/艘	设计单位	建造厂	交船时间/年
1	航浚 9001、9002	9 000	上海航道局	2	中国船舶及海洋工程设计研究院		1999—2001
2	新海象、新海鲸、新海狮(货改耙)	12 000/13 000	上海航道局	3	中国船舶及海洋工程设计研究院	舟山市龙山船厂有限公司	2000—2004
3	长鲸 1	8 100	长江航道局	1	上海瀚顺船舶设计有限公司	台州市黄岩吉祥船务有限公司	2005
4	新海虎	13 500	上海航道局	1	中国船舶及海洋工程设计研究院	广州文冲船厂有限责任公司	2007
5	通旭	13 200	天津航道局	1	中国船舶及海洋工程设计研究院	广州文冲船厂有限责任公司	2008
6	长鲸 2	10 000	长江航道局	1	中国船舶及海洋工程设计研究院	南通港闸船舶制造有限公司	2008
7	新海凤	16 888	长江航道局	1	中国船舶及海洋工程设计研究院	广州文冲船厂有限责任公司	2008
8	浚海 1	9 000	广州航道局	1	中国船舶及海洋工程设计研究院	广州文冲船厂有限责任公司	2009
9	浚海 2	9 000	广州航道局	1	中国船舶及海洋工程设计研究院	广州文冲船厂有限责任公司	2009
10	新海牛	10 000	上海航道局	1	中国船舶及海洋工程设计研究院	广州文冲船厂有限责任公司	2009
11	新海马	10 000	上海航道局	1	中国船舶及海洋工程设计研究院	广州文冲船厂有限责任公司	2010

（续表）

序号	船　名	舱容/立方米	船舶所有人	数量/艘	设计单位	建造厂	交船时间/年
12	夏之远	13 400	浙江浩驰海洋工程有限公司	1	上海航盛船舶设计有限公司	舟山市海天船舶工程有限公司	2010
13	长鲸6	13 280	长江航道局	1	中国船舶及海洋工程设计研究院	南通港闸船舶制造有限公司	2010
14	通程	18 000	天津航道局	1	中国船舶及海洋工程设计研究院	广州文冲船厂有限责任公司	2010
15	中昌浚16	13 000	中昌海运有限责任公司	1	中国船舶及海洋工程设计研究院	舟山市海天船舶工程有限公司	2010
16	航浚6	12 000	南通华丰有限公司	1	中国船舶及海洋工程设计研究院	南通港闸船舶制造有限公司	2011
17	新海虎4	11 888	上海航道局	1	中国船舶及海洋工程设计研究院	广州文冲船厂有限责任公司	2011
18	新海虎5	11 888	上海航道局	1	中国船舶及海洋工程设计研究院	广州文冲船厂有限责任公司	2011
19	新华浚2	11 888	上海航道局	1	中国船舶及海洋工程设计研究院	广州文冲船厂有限责任公司	2011
20	通途	20 000	天津航道局	1	中国船舶及海洋工程设计研究院	广州文冲船厂有限责任公司	2012
21	浚海5	10 288	广州航道局	1	中国船舶及海洋工程设计研究院	广州文冲船厂有限责任公司	2012
22	浚海6	10 288	广州航道局	1	中国船舶及海洋工程设计研究院	广州文冲船厂有限责任公司	2012
23	新海虎8	10 000	上海航道局	1	中国船舶及海洋工程设计研究院	振华重工	2012

序号	船　名	舱容/立方米	船舶所有人	数量/艘	设计单位	建造厂	交船时间/年
24	新海虎 9	10 000	上海航道局	1	中国船舶及海洋工程设计研究院	广州文冲船厂有限责任公司	2012
25	通恒	11 000	天津航道局	1	中国船舶及海洋工程设计研究院	招商局重工控股股份有限公司①	2012
26	通远	11 000	天津航道局	1	中国船舶及海洋工程设计研究院	中交博迈科海洋工程股份有限公司	2012
27	星航盛 2	8 000	长江航道局		上海航盛船舶设计有限公司	浙江方圆造船有限公司	2012
28	"吸盘"2 号	吸 盘 装置 10 m	长江航道局	1	中国船舶及海洋工程设计研究院		2012
29	港浚 6	12 000	南通港闸船舶建造有限公司		中国船舶及海洋工程设计研究院	南通港闸船舶制造有限公司	2013
30	中昌浚 27	17 000	中昌海运有限责任公司		中国船舶及海洋工程设计研究院	舟山市蓬莱船舶修造有限公司	2015
31	沧航浚 1	10 200	黄骅港务局		中国船舶及海洋工程设计研究院	广州文冲船厂有限责任公司	2018
32	新紫浪 1,2,3	8 000	海新航务江苏重工有限公司	3	中国船舶及海洋工程设计研究院		2018/2020
33	沧航浚 1,2,	10 000	黄骅港	2	中国船舶及海洋工程设计研究院		2018/2020
34	长鲸 7	9 000	长江航道局	2	中国船舶及海洋工程设计研究院		2018/2020
35	长鲸 9	13 800	长江航道局	2	中国船舶及海洋工程设计研究院		2020

① 招商重工。

表4-2　我国自2000—2021年研制设计的绞吸挖泥船（自航和非自航）主要型号

序	船名	船舶所有人	设计建造厂	交船日期	主尺度 L×B×D/米	装船功率/千瓦,排泥量/立方米/小时,排远/米,排深/米,最大挖深/米	绞刀功率/千瓦	船型或航速/节
1	射流经清淤船	黄河潼关水利局	中国船舶及海洋工程设计研究院	2000	26×6.2×1.4	喷水射程35米		18千米/时
2	350立方米/小时斗轮挖泥船	水利部百船工程	中国船舶及海洋工程设计研究院	2001		350立方米/小时		
3	1 500立方米绞吸挖泥船	云南机械进出口公司	中国船舶及海洋工程设计研究院 越南船厂	2001	78.0×12×4.2	排远/排高1 500米/7.0米,最大挖深18.0米	2×240 1×120	非自航
4	斗轮1号	长江航务管理局	中国船舶及海洋工程设计研究院	2002		800立方米		
5	1 600千瓦绞吸挖泥船	安徽疏浚公司	中国船舶及海洋工程设计研究院	2003		400立方米		
6	"长鳄"2号	长江航道管理局	中国船舶及海洋工程设计研究院 武昌造船厂	2005	51.0×10.6×2.75	产量800立方米/小时,排远1 600~1 888米,挖深16.0米	1 600	非自航
7	"新港鳄"号	上海航道局	中国船舶及海洋工程设计研究院 南通港闸船舶制造有限公司	2006	97.8×17.2×5.0	3 500立方米/小时,排距6 000米,最大挖深25.0米	1 280	非自航
8	"辽凌8"号	丹东航道局	中国船舶及海洋工程设计研究院	2008		1 500立方米/小时	550	非自航
9	"新海鲲"号	上海航道局	中国船舶及海洋工程设计研究院	2008	103.0×19.0×5.2	3 500立方米/小时	1 280	非自航

序	船 名	船舶所有人	设计建造厂	交船日期	主尺度 L×B×D/米	装船功率/千瓦/小时,排泥量/立方米,排远米,最大挖深/米	绞刀功率/千瓦	船型或航速/节
10	"新海鲛"号	上海航道局	中国船舶及海洋工程设计研究院	2008	111.4×20.4×5.5	3 500 立方米/小时,排远 6 000 米,最大挖 27.0 米	1 280	非自航
11	"长狮 1"号	武汉航道局	中国船舶及海洋工程设计研究院 南通闸船舶制造有限公司	2008	103.0×19.0×5.2	3 500 立方米/小时,排距 5 000 米,最大挖深 27.0 米	1 280	非自航
12	"唐航绞"号 2008	曹妃甸疏浚造地公司	中国船舶及海洋工程设计研究院 南通港	2008	77.7×16.8×4.8	2 500 立方米/小时,扬程 52.0米,舱内泵流量 9 000 立方米/小时	900	非自航
13	"新海豚"号	上海航道局	中国船舶及海洋工程设计研究院 南通港闸船舶制造有限公司	2010	104.4×19.6×5.2	3 500 立方米/小时,最大挖深 27.0 米	2 200	非自航
14	"新海鸥"号			2008				自航
15	"新海燕"号	长江航道管理局	南通港闸船厂	2008	104.8×18.2×13.5	3 500 立方米/小时,远万千瓦		自航
16	"天麒"号	天津航道局	青岛前进船厂	2009	120.4×20.3×6.6	生产量 4 000 立方米/小时,总功率 17 280 千瓦,最大挖深 30.0 米,排远 6 300 米	2 000	非自航
17	"天麟"号	天津航道局		2009	120.4×20.3×6.6	生产量 8 320 吨,总功率 17 200 千瓦,最大挖深 30.0 米	2 000	非自航
18	"华源交通 5"号				73.8×15.0×4.8	满载排水 2 334 吨		
19	中海船舶绞吸挖泥船			2009	82.6×18.2×4.8	3 800 立方米/小时,总功率 10 300 千瓦,排距 4 500 米	1 100	非自航

（续表）

序	船名	船舶所有人	设计建造厂	交船日期	主尺度 L×B×D/米	装船功率/千瓦、排泥量/立方米/小时、排远/米、最大挖深/米	绞刀功率/千瓦	船型或航速/节
20	"天鲸"号	天津航道局	上海交通大学 招商局重工(深圳)有限公司	2009	127.5×23×5.48	4 500 立方米、排距6 000米、最大挖深30.0米	4 200	9.0
21	"云浚2"号	连云港港口集团	中国船舶及海洋工程设计研究院	2012	113×21.7×6.6	4 500 立方米/小时、大挖深27.0米	2 000	非自航
22	"长狮9"号	长江航道局	上海交通大学 武昌造船厂	2012	91.5×22.4×5.3	2 000 立方米/小时、最大挖深22.5米		自航
23	"天鲲号"	天津航道局	中国船舶及海洋工程设计研究院 上海振华重工(集团)股份有限公司	2018	140×27.8×9.0	6 000 立方米/小时、25 843千瓦、最大排距15 000米、最大挖深35.0米	6 600	
24	"新海旭"号	江苏海宏建设工程有限公司	上海交通大学 海新船务重工有限公司	2019	138.0×28.0×8.0	6 500 立方米/小时、26 100千瓦、最大挖深36米		非自航
25	"昊海龙"号	广州文冲船厂有限责任公司	中国船舶及海洋工程设计研究院	2021	148×29×9.2	6 000 立方米/小时、25 260千瓦、最大排距15 000米、最大挖深38.0米	7 800	自航

注：一些小型船或地方生产的小型绞吸挖泥船未列入。L为船长，B为型宽，D为型深。

（二）研发关键的疏浚机具，提升疏浚能力

泥泵、绞刀、耙头等疏浚机具是挖泥船作业的关键设备，曾是我国疏浚装备的薄弱环节。为掌握关键的疏浚机具技术，特别着重研发挖泥船设备的开发和应用，研发机构和制造厂商、高等院校通力合作，取得重大突破，泥泵申请双项专利，多型绞刀获得技术专利。经过近20年的快速发展，对耙吸挖泥船主要研究开发了高效主动耙头、大型绞刀、大型高效泥泵、耙臂水下泵、环保溢流筒、无溢流系统、艏吹装置、装驳装置、泥门、消能箱、吊架等。耙吸挖泥船取得了许多重大技术成果，从开发设计小型—中型—大型，发展到超大型耙吸挖泥船，技术性能上达到了世界水平，造价大大低于国外同类产品。

以绞刀为例，"天鲲"号挖泥船配备了通用型、挖砂型、挖岩型以及挖硬岩型四种绞刀，能够胜任不同地质条件下的挖掘工作，这些"铁齿钢牙"，直径达3.25米，头部布满了尖锐的"牙齿"，无论是泥砂还是岩石都不在话下，在绞刀电机功率达6 600千瓦时，每转一圈绞刀头产生的力可以将2厘米厚的钢板轻松击穿。疏浚机具性能的全面提升使挖泥船不但提升了作业效能，而且提高了适应包括岩石在内不同地质的能力。

可变刚度定位桩台车、电机驱动及自动化系统全集成的开发应用和研发设计，具有增强开挖岩石的能力，这一技术的研制已有明显的进展和拥有自主的专利技术，如"天鲸"号和"天鲲"号绞吸挖泥船在深水中作业挖掘中等岩石技术，大大地改变了清除海底岩石的模式。

全面提升船舶技术设备状态，提升船舶装置自动化、智能化、环保节能化和抗风浪能力，增加作业天数。

这些关键技术的攻克，是在研发团队的精心设计以及建造、使用部门的密切配合下完成的。新建的各型挖泥船无论在规模上还是技术上已进入世界先进行列。我国主要的疏浚企业的规模无论是数量，还是疏浚能力也都位于世界先进之列，为我国国民经济发展和国防建设做出了重大贡献。

（三）民营企业异军突起

进入 21 世纪,疏浚市场的国内外环境也为国内民营企业营造了难得的发展机遇,民营企业看准了市场需求,多定位在中、低端技术含量的中、小型挖泥船,装船设备(包括泥泵、耙头、绞刀等关键装备)也多立足于国内配套,其产品特点是建造成本低,周期短,性价比高,受到国内疏浚用户欢迎。据不完全统计,仅 2003—2005 年,民企所建造、改装的 100 立方米～11 000 立方米耙吸挖泥船(如 11 000 立方米的"华源交通 2"号耙吸挖泥船)就不下 30 艘。2007 年由上海宏冠船舶设计有限公司①设计、地方船厂建造的两艘 4 500 立方米耙吸挖泥船以及一艘 3 500 立方米/时斗轮挖泥船成功销往印度。大型疏浚船舶的设计建造也不乏来自民营企业,如装船功率达 15 000 千瓦的巨型绞吸挖泥船"华夏 1"号,首艘 8 000 立方米大型耙吸挖泥船"长鲸 1"号等。

民营企业的参与,壮大了我国挖泥船制造业的力量,加快了装备建设的进展,13 000 立方米大型耙吸挖泥船"中昌浚 16"号、17 000 立方米巨型耙吸挖泥船"中昌浚 27"号以及 22 000 千瓦巨型绞吸挖泥船"华航浚"号的相继推出,充分显示出民营企业在疏浚装备制造方面的创造力和巨大潜力。

（四）技术含量提高

进口一艘大型挖泥船,通常价格是一艘同等装载量散货船的 3～4 倍。当今国内挖泥船的研制能力与早前相比已不可同日而语。我国科技人员还在继续努力,自主发展国内更加高效的新型和大型挖泥船。

为改变单纯依赖进口,实现国船国造、做大做强的目标,在用户、研究设计单位和建造厂通力合作下,解决研发过程中的一些技术难题。如中国船舶及海洋工程设计研究院研发设计的 13 000 立方米深水耙吸挖泥船"新海狮"号、13 500 立方米深水耙吸挖泥船"新海虎"号、16 888 立方米巨型耙吸挖泥船"新海凤"号、18 000 立方米巨型耙吸挖泥船"通程"号等,既展示了国产化的发展,

---

①　现更名为上海航盛船舶设计有限公司。

又显示了我国在挖泥船方面的研发能力。

"通途"号、"通程"号等在国内耙吸挖泥船中挖深达到最大。主推进系统采用全电力驱动和双机复合驱动,有双拖或一拖三方式等,如"神华"号耙吸挖泥船、"新海凤"号耙吸挖泥船,就采用此种驱动装置。有的挖泥船集成控制系统,如在"新海狮"号挖泥船采用了全通甲板设计技术。在设计理念上实施"绿色疏浚",应用了多项节能环保技术,已应用在"通途"号等挖泥船上。

(五)取得多项技术成果

(1)浅水肥大型船的开发。随着竞争的日趋激烈,疏浚承包商刻意追求单方土疏浚成本低、利用率高的挖泥船。浅吃水肥大型船可以使相同主尺度下的船舶,有效地提高装载量和经济性,并且在受限作业水域具有较好的适应能力,开发了长球鼻艏和双艉鳍+导流鳍(见图4-16),导管桨浅吃水肥大型船。

图4-16　长球鼻艏和双艉鳍+导流鳍

长宽比(L/B)趋向小,从5.8→5.0→4.0;船宽吃水比(B/d)趋向大,从2.14→2.6→3.5;方型系数(C_b)趋向大,从0.81→0.85→0.88。

艏部形状:斜切艏U形艏→球鼻艏→长球鼻艏。

艉部形状:鸭艉形→浅V艉+导流鳍→浅V艉+双艉鳍+导流鳍。

(2)挖泥干舷的应用(规范中对挖泥船的一种特殊条款,一定情况下挖泥船的干舷可在夏季干舷基础上减少2/3)。针对挖泥干舷涉及的船舶稳性和系统进行了深入研究,提出了相应的稳性、系统设计的标准要求和方法,促进了我国挖泥干舷相应规范的制定,实现了挖泥干舷的应用,有效地提高了船舶装载量和经济性(见图4-17)。

图4-17　挖泥干舷在"通程"号挖泥船上的应用

(3)新型泥舱结构开发设计。针对耙吸挖泥船频繁快速装卸,开展了波浪载荷、泥舱荷载及总纵强度和疲劳强度的分析研究,通过船体结构优化设计,开发了纵通泥舱、倾斜纵横舱壁、平板肋板、架空横梁的新型开敞泥舱结构形式(见图4-18),保证了强度,减轻了结构重量,实现了舱容最大化。

图4-18　新型泥舱结构

(4)大型耙吸挖泥船复合驱动及全电力驱动技术。通过对挖泥、航行、艏吹等不同工况下电站、疏浚设备的运行特性和关联性研究,研发了兼顾挖、运、吹不同工况的"一拖三""一拖二"复合驱动系统,减少了柴油机装船台数和总装机功率,节省了布置空间,提高了主机运行效率。泥泵等大功率疏浚设备采用变频电力驱动,增强了挖泥船对不同疏浚工况适应能力,提高了作业效率,并减少了疏浚作业并车时对柴油机的冲击。

(5)大型耙吸挖泥船综合平台管理系统设计。通过计算机技术、控制技术、信息技术和系统集成技术,将原来相互独立的子系统整合成一个平台,构成了一个综合的数字化监控系统。疏浚作业实时三维显示如图 4-19、图 4-20 所示。网络成了全船控制的纽带,工作站构成了船舶的控制中心,计算机软件成了控制的灵魂,数据库成了船舶信息的核心。耙头、泥泵、耙臂、吃水、低浓度泥浆旁通等自动控制系统的研发,实现了耙吸挖泥船疏浚作业的自动化。

图 4-19　疏浚实时三维显示

图 4-20　综合平台管理系统

这一时期网络技术发展迅速,因此在挖泥船用的不少设备上,集控自动化、智能化得到普遍应用,为高效疏浚提供了上佳的服务。该系统由一个网络计算机系统组成,在挖泥控制台及驾驶台上设有操纵台及相应的触摸式显示屏,该系统将测得的各项数据完整地记录下来,用于监控、评估并做出产量报告,还可通过卫星传送至岸上的船舶所有人办公室。

三、这一时期研发设计的各类典型挖泥船

这一时期重点研发设计了耙吸挖泥船、吸盘挖泥船及绞吸挖泥船,并向着超大型化方向发展。下面逐一介绍一些典型产品。

（一）耙吸挖泥船

1. 中型耙吸挖泥船典型产品

中型耙吸挖泥船典型产品的开发设计为大型、超大型耙吸挖泥船打下了技术基础。

1）5 800 立方米耙吸挖泥船"神华"号

该船是改革开放后集融资、融技术于一体的范例。2004 年为开发黄骅港疏通航道,由沪东中华、荷兰与德国联合的 VOSTA – LMG 公司、中国船舶及海洋工程设计研究院三家联合设计,沪东中华造船厂建造的一艘高效中型耙吸挖泥船,是国内首艘复合驱动中型耙吸挖泥船,用户为神华集团黄骅港务有限责任公司。

该船技术设计由 VOSTA – LMG 公司、中国船舶及海洋工程设计研究院联合完成,其中总体性能部分由 VOSTA – LMG 公司承担,施工设计由中国船舶及海洋工程设计研究院承担。2003 年 2 月 17 日合同签字生效后正式启动。2003 年 6 月底完成联合设计,图纸开始陆续送审。2003 年 9 月召开技术设计审查会,通过了设计审查,在完成技术设计送审工作后,进入施工设计。

2003 年 9 月船厂开工,2004 年 2 月上船台,同年 5 月下水,10 月参照 GB 3471—1995《海船系泊及航行试验通则》及其他试验规范进行系泊试验、航行试验和挖泥试验。系泊试验包括液压系统试验,起重机试验,耙头吊架、耙中吊架、弯头吊架试验,液压绞车试验,耙吸管收放试验,耙头波浪补偿蓄能器试验,溢流筒试验,液压泥门试验,闸阀、蝶阀、消能箱试验;航行试验包括泥泵清水试验,挖泥装舱试验,挖泥航速试验,抛泥试验,抽舱排岸试验等。

通过系泊试验、航行试验(包括挖泥、排泥试验),表明各项技术指标均满足技术规格书的要求,各系统配置合理,船舶所有人表示满意(见图 4-21),11 月交船,船名"神华"。

图 4-21 中型耙吸挖泥船"神华"号

该船主要技术参数:

总长 113.80 米,垂线间长 105.00 米,型宽 22.00 米,型深 7.70 米,国际干舷吃水 5.823 米,挖泥干舷吃水 6.90 米,泥舱名义容积 5 000 立方米,最大容积 5 800 立方米,耙管直径 900 毫米,挖深 26 米,定员 45 人。试航航速 14.69 节,推进主机输出功率为 85% 最大持续功率。

该船续航力 7 300 海里,船上补给品允许以舱底泥门卸泥方式连续施工 20 天。

全船按 B 级冰区加强。航行及作业区域,调遣航行为无限航区;作业离岸 20 海里以内水域。[①] 入级中国船级社(China Classification Society, CCS)。

该船艏部设置球鼻型,艉部为双尾鳍线型;机泵舱设置在艉部,居住舱室、驾驶室等上层建筑设置在艏部;耙管设置在舯后部。该船主要用于黄骅港航道疏浚工程,同时兼顾其他港口疏浚工程。

---

① 该船按照法国船级社规范及有关国际规则、公约的要求设计。

　　该船具有耙吸装舱、泥门卸泥、抽舱排岸等作业功能,是耙吸挖泥船中功能比较齐全的挖泥船,也是国内外大、中型耙吸挖泥船的主流船型。

　　由于黄骅港的土质难沉淀,在考虑泥舱光滑的舱壁和舱底设计的同时,为了达到最小的泥浆溢流损失,使进入泥舱的泥浆混合物尽可能在较宽范围均匀分布在泥舱内,舱内消能箱的设置应具有最小的扰动状态,以最低的流速流向溢流筒中。在舱内设置了高、低位消能箱(艏部、艉部是低位消能箱,即在最大的溢流位置下方。舯部是高位消能箱),以确保所挖泥水混合物较好地沉淀。

　　该船设有 DN900 主动耙头、CD 型耙头、VWD 型耙头三种不同形式的挖泥耙头,可根据不同的土质选用合适的耙头。

　　在泥舱的前、后端两侧,各设置了一个可垂向调节的溢流筒,溢流的形式和位置都经过优化以减少溢流损失。在溢流筒中设置一个称为 ATS 的系统,该系统包括一个活叶机构,可允许连续对溢流管道的液面高度进行控制。用这种方法使通过溢流筒的流出物能得到控制,从而使得溢流水成为平稳流,进一步减少泥浆溢流的损失。

　　该船的液压管系复杂,技术难度高。为了便于安装、调试及使用、维修,对主要进、回油管路增设了手动截止阀,使液压系统更加安全可靠。

　　该船在机舱集控室设置了挖泥控制 PLC[①] 柜,通过 1 000 多个输入点和输出点对全套挖泥控制系统进行控制。挖泥控制系统为可视系统,采用客户端-服务器的结构,设有一台计算机服务器和两台客户端计算机。一台是装载计算机,另一台用于耙管位置显示,位于左、右挖泥控制台上。挖泥控制系统上还连接着两台独立的计算机,一台与导航设备相连,位于航行控制台上,用于航行,这台计算机的第二个显示器位于挖泥控制台,供挖泥操作者使用;另一台计算机位于船长室,用于准备工作。挖泥控制系统服务器通过网络从航行控制台获取测深仪、挖泥用差分全球定位系统(differential global position system, DGPS)定位仪、电罗经、潮汐测量装置等设备的数据;服务器通过一个独立的光缆将以太网连接到挖泥控制

---

　　① 可编程逻辑控制器,Programmable Logic Controller。

PLC柜。挖泥控制台里的PLC子站通过Profibus连接到挖泥控制PLC柜,Profibus也用于将全船监测报警系统与挖泥控制系统相连。所有挖泥控制都能通过计算机控制,并能通过软件按钮自动完成左耙挖泥、右耙挖泥、双耙挖泥、使用高压冲水泵、停止挖泥、卸泥、冲舱、用一个或两个泥泵边排等操作。此系统还具有溢流自动控制、耙头深度自动控制、波浪补偿器自动控制、泥泵转速自动控制等功能。

由于该船主机一端驱动可调螺距螺旋桨,一端驱动泥泵。在挖泥工况下,可调螺距螺旋桨控制面板上控制模式转换到挖泥模式,可调螺距螺旋桨控制切换到恒定推进模式,但是主机速度控制还是由推进器、控制器控制(主机速度不变)。此时,船长必须根据主推进器调整控制手柄位置。可调螺距螺旋桨自动负载控制功能限制螺旋桨消耗的功率,保证相应工况下泥泵所需的功率,例如,泥泵在挖泥时消耗功率为1 200千瓦,在边排时消耗功率为2 000千瓦。该船的高压冲水泵采用变频电动机驱动,电站管理系统、挖泥控制系统提供在线剩余的可用电量信号,挖泥控制系统利用该值来限制高压冲水泵的速度。

该船另外设置一套独立与以太网和Profibus连接的应急挖泥控制系统,在应急情况下具有应急卸泥、紧急关闭船阀、应急停止泥泵、应急停止高压冲水泵、应急停止液压系统、应急起耙等功能。

在当时国内自行建造的耙吸挖泥船中,该船的电站功率是最大的,自动化程度、挖泥控制的先进性方面均是最高的,得到了船舶所有人的认可。

虽然该船总体方案、技术形态由VOSTA-LMG公司负责,但中国船舶及海洋工程设计研究院负有总体性能确定和审核责任。因此,中国船舶及海洋工程设计研究院研发团队以既虚心吸收又极其严谨的态度对该船总体性能(快速性、载重量、干舷、操纵性、稳性等)、疏浚系统、动力配置等关键部分进行认真分析、研究、校核,并加强与VOSTA-LMG公司的协调和沟通,对船舶性能逐一进行模型试验予以确认。

疏浚系统设计合理与否,直接决定了该船作业性能的优劣,因此针对黄骅港土质的特殊性进行疏浚系统的设计。虽然疏浚系统的设计和设备由

VOSTA-LMG公司提供，但对其设计的合理性和设备的适用性，研发团队严格把关，对作业指标进行必要的验证。该系统自动化程度高，具有艉吹功能，国内以往未曾设计过，因此研发团队在设计过程中收集了国内、外同类型的资料，与VOSTA-LMG公司提供的设计进行比较、分析，经过对疏浚系统各个参数校核，确保疏浚系统设计的合理性，达到技术规格书的要求。

主机前、后双出轴分别驱动可调螺距螺旋桨和泥泵，中央冷却系统和热油锅炉系统等是动力系统关键部分，也是新的技术。研发团队通过对VOSTA-LMG公司的设计进行消化和吸收，并与VOSTA-LMG公司和设备厂商进行技术交流，通过多方面收集资料，再经过分析、研究，掌握了这些部分的设计技术，确保动力系统设计的合理性，达到技术规格书的要求。

该船采用了以下新技术：

（1）首次在国内设计同类型船舶中采用球鼻艏、双艉鳍的线型，不仅有利于降阻、减振与节能，亦有利于泥舱容积和装载量的增加。动力装置采用先进的复合驱动形式，有利于全船的总布置：机舱、泵舱、耙管设置在艉部，居住舱室、驾驶室等上层建筑设置在艏部，有利于改善船员工作和居住条件。

（2）主推进传动系统采用先进的复合驱动，双机、双桨。每台主推进柴油机飞轮端驱动可调螺距螺旋桨，自由端出轴通过高弹离合器及双速比齿轮箱驱动泥泵，高弹离合器由压缩空气实行离合动作。

挖泥装舱工况时，单台泥泵所需功率为1 200千瓦；在抽舱排岸工况时，单台泥泵所需功率为2 000千瓦。

驱动模式在大型挖泥船的动力驱动中，能最充分地利用柴油机的功率。耙吸挖泥船通常有如下工况：一种为挖泥工况；另一种为空载或满载航行工况；还有一种为排泥工况（可以通过泥门排泥、艏喷或艉吹等）。在挖泥工况中，所要求的航速较低，螺旋桨吸收功率少，此时能满足泥泵所需功率；在航行工况，泥泵端离合器脱开，船舶全速航行；艉吹或艏喷排泥时则需启动泥泵，此时船舶停航，螺旋桨不吸收功率。

（3）采用热油锅炉。与蒸汽加热系统相比，热煤油加热系统的优点是热效率高；整个系统压力低；热煤油对系统内壁无腐蚀，并能提供一定程度的保护；系统无汽、液相转变，具有良好调节性能，温度控制精度高；设备少，因此维修工作量小、维修费用低。

（4）在机舱内设两个中央冷却器，用于对主机、推进齿轮箱及可调螺距螺旋桨、泥泵齿轮箱、液压系统、泥泵轴承、主空压机及集控室空调器进行冷却；在艏部辅机舱亦设有 380 千瓦的冷却器。用于提供生活区域空调所需的冷却水。

该船的海底门设计是一大亮点：由于挖泥船工作区域泥砂含量大，而且该船在北方海域工作，船舶所有人要求特别考虑避免浮冰进入海水总管，基于以上两点的考虑，在艏部辅机舱设一高位海底门、一低位海底门以及一海水沉淀舱，在艉部泵舱设一海底门。艏海水沉淀舱与艉海底门间由一海水总管连接，在航行工况下机舱内所需海水可从泵舱海底门吸取；在挖泥工况时，由于耙头在艉部，因此关闭艉部海底门，艏部海底门的水先进入海水沉淀舱，沉淀舱内设一道道横壁使海水的流速减慢从而使泥砂沉淀，沉淀后的海水再经海水总管至机舱供需要的设备使用。海水沉淀舱接 5 路冲洗管使内部沉淀下的泥砂混同海水由喷射泵抽出排出舷外。在冬季有浮冰时，只开启艏部低位海底门可以避免浮冰进入海水总管。这种设计很好地解决了泥砂与浮冰相互干扰的问题。

到 2003 年为止，该船是国内建造技术难度最大、技术指标要求最高的一艘耙吸挖泥船。该船按期顺利交船，在国内引起很大的反响，通过与国外公司的联合设计，掌握了此类耙吸挖泥船研制的核心技术，为自行研制万立方米级大型耙吸挖泥船打下了基础。

2）4 200 立方米耙吸挖泥船"航浚 4012"号

2005 年上海航道局第二工程公司委托中国船舶及海洋工程设计研究院在"航浚 4011"号耙吸挖泥船的基础上设计 4 200 立方米耙吸挖泥船，并要求增大挖深深度,泥舱舱容等,该院于 2005 年 7 月开始设计。广州文冲造船厂 2005 年 11 月开工建造,2006 年 12 月交船,船名为"航浚 4012"号。

　　主要技术参数如下:

　　该船总长约 103.10 米,型宽 18.80 米,型深 7.80 米,结构吃水 6.80 米,设计吃水 6.40 米,自由航速不低于 12 节,名义舱容 4 200 立方米,最大舱容 4 500 立方米,最大挖深为 27.0 米。续航力 6 000 海里,自持力为 30 天(航行)、20 天(作业)。

　　该船为我国设计建造的新一代中型耙吸挖泥船,为双机、双导管桨、双耙、单甲板、流线型、折角艏部船体、设艏楼和艉楼和自航耙吸挖泥船。主要设备除了柴油机、泥泵进口外,挖泥及疏浚控制等设备都在国内设计建造,主要用于我国与东南亚沿海港口、航道的疏浚工程,可挖淤泥、黏土、密实中细砂、粗砂、碎石及卵石。

　　在总结和分析"航浚 4011"号耙吸挖泥船成功及不足的基础上,进行优化设计(见图 4 - 22)。

图 4 - 22　"疏浚 4011"号耙吸挖泥船

一是增加挖深。为进一步提高该船的营运适应能力,将挖深从 24 米提高至 27 米;二是增加泥舱舱容,对该船油舱抽舱管系进行重新布置调整,对泥舱后舱壁进行调整,使泥舱最大舱容增加至约 4 500 立方米;三是调整了载重量。由于泥舱舱容加大,对应的载泥量进行适当调整提高。主要措施是油、水舱的舱容装载量控制在满足续航力、自持力等需要的前提下仍保持与"航浚 4011"号挖泥船的相同,仅在必要时增加油、水装载量。船载泥量 5 880 吨对应于 4 200 立方米舱容下,泥浆比重为 1.4 吨/立方米;对应于最大舱容下,泥浆容重为1.31 吨/立方米,较适应于装载不易沉淀的土质;四是节约成本。除轴承、密封件等选用国外产品外,泥泵改为国产,将轴端密封改为油密封形式,使泥泵价格有较大下降;同时对泥泵设备中许多易损耗部件提供了长期便利的备件服务;五是增加和优化起重设施。该船改用一台 15 吨、16 米电动液压吊,设在泥舱后舯部区域,底座通过泥舱坐落于纵向箱形三角舱,方便以后供泵舱内起吊叶轮等维修之用;在泥舱前端壁处增设一台 3 吨、13 米电动液压吊。通过增加和优化起重设施,基本能满足覆盖整个泥舱舱面以及机舱、机泵舱的起重需要,舷外吊距也有所增加。

耙吸挖泥船设计的困难在于浮态的调整,因为耙吸挖泥船经常处于满载和空载的状态转换中,如果重心太靠前,满载时将会出现艏倾,而如果重心太靠后,则空载时艉倾过大,布置在前部的泥泵将吸不到水。而且它不能像一般船舶采用压载水调节浮态。因此在设计中应综合考虑泥舱的纵向位置,以取得满意的效果。根据倾斜试验结果计算的完工装载状态,在 100% 油水、泥舱满载情况下,不用压载,船舶浮态为艉倾 0.36 米,在 10% 油水、泥舱满载情况下,不用压载,船舶浮态为艉倾 0.15 米,满足船舶所有人的要求。

在操纵性能上,对耙吸挖泥船应具有良好的航向稳定性,以确保作业时疏浚轨迹的准确性。同时由于挖泥作业时耙管受水流、波浪及海底形状的影响,难免会产生瞬时不均衡力,必须采取可靠的操纵措施及时克服偏航力矩,维持设定的航迹。此外,由于该船挖泥满舱卸泥后再返回作业区,如此频繁转向,所以必须具备灵活的回转性能。

该船采用挖泥船常用的双桨、双舵配置,具有良好的可操纵性,同时艉部设置呆木提高航向稳定性。为提高船舶离、靠码头及低速航行时的回转性能,利用泥泵进行艏部侧向喷水推进。

高装载量意味着可以获得更高的经济效益。目前的耙吸挖泥船船型正向着肥大型方向发展,以减少船体主尺度,"航浚4012"号在设计时也遵循这一原则,方形系数达到0.829,在结构吃水6.8米时,载重量系数(载重量与排水量之比)为0.634,载泥量系数(载泥量与排水量之比)为0.556,达到了同时期国外联合设计水平(如5 800立方米耙吸挖泥船,方形系数0.841,在挖泥吃水时,载重量系数为0.639,载泥量系数为0.536)。

为了提高装载量,船体的方形系数也不断加大,船体艏部和艉部线型因此比较丰满。由于耙吸挖泥船的作业时处于重载的特点,一般都采用低转速大直径的螺旋桨以提高作业时的推进性能,加之耙吸挖泥船经常需要在水深受限制的区域进行施工,所以螺旋桨所在的艉部流场紊乱,螺旋桨在这种不均匀水流中工作,功率下降,还容易引起船体振动。此外,在泥舱轻载的情况下,船体吃水减小,螺旋桨容易产生空泡现象,造成螺旋桨汽蚀损坏。在螺旋桨前方设置的导流艉鳍,大大改善了桨盘前方流场的均匀性,使得螺旋桨能稳定地工作,改善了推进性能,减小了振动的产生。实船试航表明,艉部螺旋桨上方船体结构均未发生不良振动现象。

在轮机装置技术上,采用两种燃油、中央冷却和海底门。高压冲水泵、柴油机(高速机)、应急发电机组柴油机与燃油锅炉使用♯0轻柴油。因此,根据该船的主推进柴油机、发电机组柴油机与泥泵柴油机的布置情况,在机舱与泵机舱分别配备了燃油分油机以及为柴油机供油的燃油供油单元。

局部中央冷却系统的设计条件为:淡水进机温度38摄氏度,海水温度32摄氏度。主推进柴油机、减速齿轮箱与发电机组柴油机组成了局部的中央冷却水系统,进入设备进行冷却的介质只有淡水,这样就提高了设备的使用寿命,同时,使用板式冷却器还便于拆装,为维修设备提供了便利。

机舱左、右舷设置有高、低位海底门,中间由海水总管连接;泵机舱左、右舷也设置有高、低位海底门,海水在左、右舷过滤舱中经泥砂沉淀后进入左、右舷海水净化舱,左、右舷海水净化舱之间由一根海水总管连接,向艏部泵机舱、泵舱的海水泵供水,另外,左、右舷海水净化舱之间再各引一根海水管在泵舱与泥舱壁附近并联后经中间三角舱与机舱海水总管连通;在泵舱中设置有高压冲水泵专用海底门。

该船设有两台卧式燃油蒸汽锅炉与一台组合式热井,容量分别为1 000千克/时与2.0立方米。在机舱设置一个机舱蒸汽分配器,机舱蒸汽分配器除了为机舱内的舱室、设备加热和保温外,另分出两路蒸汽管,一路供重燃油储存舱保温燃油,另一路接至泵机舱蒸汽分配器,泵机舱蒸汽分配器为泵机舱、泵舱内的舱室、设备加热和保温。蒸汽伴行管根据伴热线路分段连接,为确保系统的压力,伴热段的长度控制在30米以内,将几路伴热管凝水后的汇合管放大筒径以降低阻力。

设置两台泥泵,通过1 103千瓦柴油机经减速齿轮箱驱动;设有艏、左、右三点吊放式耙吸管,可双耙疏浚作业,将耙吸的泥浆装舱。当泥浆浓度很低时亦可直接排出舷外;配有带高压冲水喷嘴和可拆卸耙齿的新型高效耙头,耙头装有由液压油缸调节的活动罩;设有抽舱管,可用于挖泥前抽吸泥舱内的水;泥舱内设有两列12个开底式锥形泥门用于卸泥。泥门为分组或集中开闭,每个泥门由一台液压油缸开闭,在驾驶室内显示和遥控;设有泥舱高压冲水管系及泥泵冲水管系,用于卸泥时冲松稀释泥舱内的泥砂;泥舱为敞开式,具有舱口围板,围板开口处另设轻型围板,以防止船舶纵倾时泥浆溢出;泥舱设有一个连续调节的溢流筒,筒体直径 ϕ1 800毫米,调节范围从3 300立方米至最大舱容4 500立方米,可在驾驶室遥控;泥舱两舷对应于最大舱容处另设有固定溢流口,溢流口上安装有可启闭的两级铰链门;泥舱设有两套消能箱,以减少泥浆动能,加快沉淀;泥舱后区域设有一台15吨、18米的电动液压变幅起重机,用于起吊耙头和船舶零部件。船首设置利用泥泵进行喷水的侧向推进管,用于改善操纵性能。

通过对管路特性的详细计算,设计团队对泥泵的国产化进行了大量的工作,积极配合国内泥泵制造厂商共同对该船的泥泵设计提供必要的技术支持。泥舱内除了设置有两个连续调节的溢流筒外,同时又在泥舱前段两舷对应于最大舱容处另设有1个固定溢流口,溢流口上安装可启闭的两级铰链门,通过滑轮导向可由液压油缸控制操作。这种固定溢流口,特别是在狭窄航道疏浚航道时可充分发挥其优势。

该船交付后即投入施工作业,在洋山深水港建设等施工项目中取得了很好的作业效能;首制船长期赴海外承包国际疏浚工程项目,获得了显著的经济效益。

2005年5月上海航道局举行鉴定会,对该型船的首制船进行了技术评估,认为该船是我国独立设计建造的新一代中型耙吸挖泥船,技术先进、性价比高;投产使用后表明在同类型挖泥船中该船挖掘能力强、疏浚效率高;全船疏浚控制系统结构合理,功能先进。

2. 大型超大型耙吸挖泥船

1）大型超大型耙吸挖泥船的研发过程

20世纪90年代,国际疏浚市场已被大型挖泥船所支配,大型挖泥船成为各大疏浚公司的首选。2000年,"巨无霸"型耙吸挖泥船"Vasco da Gama"号投入使用,舱容已达33 000立方米。

进入21世纪,我国经济的快速发展促进了疏浚业的发展,国家和地方每个项目的建设都需要大量的砂石材料,尤其是工程建设,内河、近海海区的沉积物几乎都已被利用,因此不得不从远离冲填区的深海来取砂,为适应这一要求,我国从21世纪初就开始研发、建造舱容超过8 000立方米的大型耙吸挖泥船。

在疏浚用户、研发部门和建造厂通力合作下,经过摸索、不断自主创新,解决了研发过程中的一系列问题,一步一个台阶,最终实现了大型超大耙吸挖泥船国内研制,填补了国家急需疏浚装备的空白。

一是上海航道局与中国船舶及海洋工程设计研究院合作,进行了大型耙吸挖泥船前期项目研制。对 20 世纪 70 年代从日本进口的两艘带有边抛排泥、双边耙吸及中央阱耙设置的 6 500 立方米耙吸挖泥船"航浚 6001"号和"航浚 6002"号进行了较大范围的技术改造,根据该院的建议,取消无须经常使用且结构笨重的边抛架排泥装置以及中央阱耙设置,将节省下来的空间及重量去增大泥舱容积及载重量,使其在相关规范要求得以满足的前提下可以有较大的提升,提高挖泥船的经济效益。用户同意了该院的改建设计,拆除了在船中设置的阱耙系统以及庞大的边抛排泥系统,使得泥舱扩容至 9 000 立方米。并通过重新布置耙吸系统,对总体、结构等作了相应调整和改造。经过改建,上海航道局不仅以最少的费用支出拥有了两艘大型耙吸挖泥船,而且这一大胆的创举还使用户、设计、建造三方积累了大型、超大型耙吸挖泥船设计建造难得的实践经验。

二是在改建引进设计大型耙吸挖泥船的基础上,上海航道局再次携手该院,尝试了另一种更具挑战性且更节省的大型耙吸挖泥船建造实践——"货船改建大型耙吸挖泥船"。如果说 6 500 立方米级(中型耙吸挖泥船)准大型耙吸挖泥船还只是同型挖泥船的改扩建工程,那么"货改耙"就是两个用途截然不同船型之间脱胎换骨式的改建尝试了,此前国内、外均无这方面的经验。上海航道局为应对快速增长的挖泥船市场的需求,先后购买了三艘载重量为 16 000 吨(排水量 27 000 吨)的旧货船,要求该院将其改建设计为 12 000 方左右的大型耙吸挖泥船。这需要重新设计配置整套耙吸挖泥船专用特种设备:泥泵、耙吸系统、挖泥动力系统、监控系统,并对船舶的总体性能、结构、舾装、轮机、电气、航行系统等作适应大型耙吸挖泥船作业要求的改建设计,这是一项富有挑战性的工程。改建由浙江龙山造船厂实施。

经过用户、研究设计单位、造船厂共同努力,克服了许多从未遇到过的困难,相继成功改建 12 000 立方米"新海象"号及 13 000 立方米"新海鲸"号两艘大型耙吸挖泥船,其后又进一步改建成一艘 13 000 立方米深水疏浚船"新海狮"号,这批船创下当时的国内挖深纪录。在上海举行的中国首届国际疏浚业学术研讨会上,该"货改耙"项目的论文获得大会论文一等奖,并引起印度等国外同行的关注,表示将推广应用该项成果。"货改耙"项目的成功,增强了国内疏浚行业采用国产大型耙吸挖泥船的信心,积累了经验和技术储备,也初步形成了一支策划管理、研究设计、施工建造的人才队伍,为超大型耙吸挖泥船"国船国造"添上了一块重重的砝码。

设计团队在耙吸挖泥船设计中创造性地应用了"单机、单桨推进方式"和自主开发研制的新型泥门启闭系统,并申请中国发明专利一项,实用新型专利两项,达到了国际水平。

此后又通过国家重大技术装备攻关课题,开展大型耙吸挖泥船主尺度、总布置、总体性能、疏浚设备研制等关键技术研究,为我国自主设计开发大型耙吸挖泥船打下了坚实的技术基础。2005 年我国第一艘自主设计具有世界先进水平的 13 500 立方米大型耙吸挖泥船"新海虎"号研发设计获得成功,随后该船被业内誉为当时"神州第一挖",其造价比国外同型船舶低 30%。

三是加强攻关课题研究。研究设计单位积极领会、响应国家对"国船国造"的鼓励扶持政策,申报研究课题,开展大型耙吸挖泥船关键技术研究。该院先后承担了上海市科委下达的课题,进行了专用大型耙吸挖泥船的研究和 15 000 立方米大耙挖泥船模拟初步设计;国家经贸委的大型耙吸挖泥船研制课题,结合上海航道局的 12 000 立方米大耙挖泥船项目,定为依托船型。该院从各个专业开展大型耙吸挖泥船关键技术梳理、研究及试验,包括大型耙吸挖泥船主尺度、总布置、总体性能、疏浚设备研制等关键技术研究,为我国自主研发设计大型耙吸挖泥船打下了坚实的技术基础。并根据与用户协商工程任务书制定了 12 000 立方米大型耙吸挖泥船的初步设计方案。在此期间上海航道局除与国内科研单位合作研究外,还委托德国 LMG 公司进行 12 000 立方米大型耙吸挖泥船初步设计。经核对,中外设计方案主要性能和技术参数基本一致。用户和研究设计单位再对此进行比较和优化,明确了后续的国产大型耙吸挖泥船的框架、规模和技术参数。课题研究获得较为满意的成果,在造船行业和疏浚行业都获得了较高的奖项。

2005年8月12日,以攻关课题为依据,首艘自主设计建造大型耙吸挖泥船"新海虎"号正式签订建造合同,2007年5月交付使用,前后不到两年。该船是按当时国际上先进理念设计,技术性能先进、设备配置优良的新一代高效大型耙吸挖泥船,综合技术性能指标接近国际先进水平,疏浚设备国产化率达80%,造价比同期进口船节省30%左右。"新海虎"号在湛江港30万吨航道施工中初试锋芒后,于2008年1月18日远赴巴西里约热内卢港,开始了她的"处女"之行。

这一时期设计团队结合国内用户的广泛需要,开发设计投资少、见效快的产品,不断提高挖泥船设计技术水平,使挖泥船船型多样化,并趋于向大型和超大型化方向发展;在我国挖泥船队中达到舱容最大、挖掘深度最深;集控自动化程度不断提高,研发设计新型的疏浚挖泥船不断得到完善,并为研发设计更先进的超大型耙吸挖泥船奠定了技术基础。

通过上述探索、改建实践和理论课题研究,基本攻克了国产大型耙吸挖泥船的关键技术。从21世纪初长江航道局8 000立方米大型耙吸挖泥船、上海航道局13 500立方米大型耙吸挖泥船开始,不到20年,国内已设计建成了近30多艘大型耙吸挖泥船,先后完成"海虎"系列、"通"系列、"浚海"系列、"长鲸"系列等10 000~20 000立方米的系列大型耙吸挖泥船的研发,带动了我国大型挖泥船开发技术全面发展,彻底改变了我国耙吸挖泥船较长时期依赖进口的局面,在设计水平上跨入世界先进行列。并实现重要的专用设备国产化,一跃成为该领域的研制大国。

这一时期由中国船舶及海洋工程设计研究院参与设计的国产高性能大型耙吸挖泥船接踵而至,在短短的5年时间内,该院相继承接了国内各大用户委托设计的11型共20艘大型耙吸挖泥船,占国内新建大型耙吸挖泥船总数的近

70%。自主设计建造的 13 500 立方米深水耙吸挖泥船"新海虎"号、16 888 立方米大型耙吸挖泥船"新海凤"号、18 000 立方米大型耙吸挖泥船"通程"号,还有"货改耙"项目的 13 000 立方米深水耙吸挖泥船"新海狮"号,2009 年 9 000 立方米"浚海 1"号;2010 年疏浚系统采用全电力变频驱动的 18 374 立方米"通程"号等,这些大型耙吸挖泥船都是该时期的典型船型。

2) 大型、超大型耙吸挖泥船的三代新技术特征

第一代大耙船主要是新技术的应用与开发。其特征是复合驱动、集成控制、功率管理系统(PMS)、挖泥干舷、艉楼、甲板移动吊、新型泥舱结构,方形系数小于 0.86。典型船型有 13 500 立方米"新海虎"号、9 000 立方米"浚海 1"号、"浚海 2"号、13 000 立方米"通旭"号、8 000 立方米"长鲸 2"号、16 888 立方米"新海凤"号、13 280 立方米"长鲸 6"号等(有关新研发设计的船型技术在后面做进一步介绍)。

第二代大耙船主要是技术创新。其特征是在第一代基础上,把大挖深、疏浚系统电力驱动、设置水下泵、高型深的低围板、泵舱前置、艉楼等技术应用到新船型上。典型船型有 18 000 立方米"通程"号(见图 4-23)和 20 000 立方米"通途"号。

第三代大耙船主要是技术提升。其特征是在第二代基础上,采用小长宽比($L/B \sim 4.5, B/d > 3.0$)、长球鼻艏、双艉鳍、大方形系数(C_b接近 0.88),船型更经济、更适合耙吸挖泥船浅水作业的特点。典型船型有 11 888 立方米"新海虎 4"号和"新海虎 5"号、11 000 立方米"通恒"号、"通远"号和"通程"号、10 000 立方米"新海虎 8"号和"新海虎 9"号、6 000 立方米"长鲸 7"号、13 800 立方米"长鲸 9"号、7 000 立方米"长鲸 12"号等。

3. 大型超大型耙吸挖泥船典型船

1) 12 000 立方米深水耙吸挖泥船"新海狮"号

该船是在两艘旧货船改建成 12 000 立方米耙吸挖泥船"新海象"号、"新海鲸"号,取得投资低、工期短、见效快、效益高的成功经验基础上,为应对洋山港

图 4-23　应用在"通程"号上的长球鼻艏

工程施工急需,上海航道局与中国船舶及海洋工程设计研究院的又一项合作成果。2003 年 4 月上海航道局再次委托该院进行货船改深水疏浚的技术可行性论证,在论证完成后,购置了一艘旧货船,由该院将该船改装设计成深水吸砂船。

根据技术任务书提出改装设计的基本要求,将该船设计成可在近海航区航行,能在距岸 20 海里的水域进行深水吸砂作业的深水疏浚工程船。

作业区海况:最大风速 6 级,最大浪高 3 米,水流速度 5.0 节。最大挖深 70 米,确保泥舱容积大于 12 000 立方米。

该船于 2004 年 5 月完成改装设计。2004 年 5 月在龙山造船厂施工建造,同年 10 月 17 日竣工,船名"新海狮"号。

主要参数:总长 173.16 米,船宽 26.60 米,型深 13.50 米,吃水 8.80 米,载重量 17 000 吨,泥舱舱容 12 000 立方米,最大挖深(轻载水线以下)70 米,总吨位 15 907 吨,净吨 4 772 吨,自由航速 12.0 节,挖泥航速 5.5 节,水下泥泵 1 台,流量 13 320 立方米/时,扬程 35 米,吸/排管径 1 000/900 毫米,舱内泥泵两台,流量 14 400 立方米/时,扬程 56 米,吸/排管径 900/850 毫米,艏侧推装置

1 000 千瓦，艉侧推装置 1 200 千瓦。

改装设计中对总布置船体结构、作业时船位控制、疏浚动力装置、疏浚机械及系统等进行了详细分析和确定。

该船的疏浚性能以洋山深水港附近砂源的土质(粉细砂)与深水条件(30～40 米)作为设计的主要依据，同时考虑今后满足 40～70 米水深下取砂的要求。深水疏浚工程船的改装设计方案具有创意；设计方案提出的吸砂作业以航行吸砂方式为主，并在适宜工况条件下进行锚泊吸砂作业；同时为完善该船的改装设计，对锚泊吸砂作业的施工工艺和设计进行深化；对设计的技术难点采取相应的措施和方法，通过设备的合理化配置解决船的平衡问题；配置舱内泵、吸砂头、装舱效能系统、抽舱系统等提高吸砂作业的施工效率，借鉴"新海龙"号等挖泥船的疏浚监控系统配备必要的监控装置。

该船改装设计中解决了合理的总体布局，作业时的稳性控制，先进的复合泥泵驱动系统和国际上先进水平的疏浚集成控制系统等技术关键，并有所创新。

总体布局主要考虑泥舱舱容最大化。在改装设计中，在原船货舱区选择泥舱和泵舱的相对位置，进行优化布置来满足纵倾要求。为此，对泵舱的布置进行了后泵舱、中泵舱和前泵舱三种布置方案的比较论证。经过综合比较优化，选定前泵舱的方案。使泥舱舱容最大化，又满足了不同工况下的纵倾要求。即泥舱满载时保持正浮避免艏倾，空载时不会因艉倾太大而使船体吸口处露出水面，使装舱系统产生泄漏，影响效率。因为耙吸挖泥船在作业过程中一般不进行压载水的调整，所以纵倾的控制完全依靠自身的重量和装载重量与浮力进行平衡。

该船布置的技术难点是左、右舷设备的严重不对称。由于单边耙的疏浚系统配置，右舷甲板设置了总重 400 多吨的耙管、吊架、绞车等疏浚设备，横倾力矩达 4 500 吨·米。如何平衡这样大的横倾力矩是总布置的关键。改装设计中为了控制横倾，对各项重量进行了反复仔细核算，其他设备如装舱管系、艏吹管系等尽量向左舷布置。对油舱的布置进行了精心考虑，使燃油满载时与耙管等的横倾力矩相平衡,燃油消耗后,则利用同侧的压载水舱补充压载水。实船使用中,浮态控制良好,没有出现横倾现象。

由于原船为单桨、单舵船,船位控制能力相对较弱,而定点吸砂又多在有风、浪、流的环境中作业,此时船位不能有太大的偏移,不然会损坏吸砂头,并危及水下泵。该船具有定点吸砂和艏吹排砂功能,定点吸砂时船顶流抛出艏锚,通过艏、艉侧推装置的配合控制船位;艏吹排岸时,则艉部抛锚,启动侧推装置平衡排砂的反作用力,保持船位。当抽舱排岸时,船首须克服巨大的排砂反作用力,保持船位,防止排泥管受损。

该船设置复合泥泵驱动系统,因为作业分为水下泵吸砂装舱和舱内泵抽舱排岸两种不同的模式,而且根据排岸距离的长短,两组舱内泥泵可采用串联或单泵的不同方式进行工作,所以在考虑动力装置配置时就需要兼顾两种不同模式,还必须考虑在有限的空间内布置整套动力装置。为此经过反复研究,最终设计了左、右两套不同的疏浚动力装置,即复合泥泵驱动系统。

左舷泥泵系统为柴油机通过传动轴与高弹离合器连接,经减速齿轮箱及传动轴穿过某一舱壁驱动二级舱内泥泵。

右舷泥泵系为 12PA6V - 280MPC 柴油机经高弹性联轴节 LS3310、传动轴通过单进双出减速齿轮箱 YSDJ3540 及两个高弹离合器 LT500,一端经传动轴驱动水下泥泵发电机,通过电轴系统驱动水下泥泵电动机带动水下泥泵,另一端经减速齿轮箱 YSNB3540 - 1 及传动轴穿过某一舱壁驱动一级舱内泥泵。

这是中国船舶及海洋工程设计研究院在研发设计疏浚工程船中首次采用复合泥泵驱动系统,通过这种设计既能满足吸砂装舱和抽舱排岸两种不同工况的需要,又提高了设备利用率,精简了设备配置,节省了一台柴油机,对节约初投资和营运管理均有利。全套装置均采用国产设备,其中齿轮箱和高弹性离合器均为首次开发设计,经过实船运行证明该设计是可靠、实用的。

该船研发设计了具有国际先进水平的疏浚集成控制系统。

　　"新海狮"号的疏浚控制系统是国内第一套具有自主知识产权和国际先进水平的疏浚集成控制系统。该系统是由 PLC,PC 以及光纤以太网组成的多层次计算机网络监控系统。下层通过独立的 PLC 系统对舱内泥泵柴油机、全船疏浚液压系统、水下泵电轴系统、吸砂管、吊架等疏浚设备进行数据采集和自动控制；上层通过数据采集与监视控制系统(supervisory control and data acquisition, SCADA)实现对全船疏浚系统的图形化操作和显示，并可对疏浚过程中产生的各种数据、报警状态进行分析、存储、打印。该系统的采用大大减轻了船员的劳动强度，显著提高了疏浚效率，同时也使国产挖泥船的疏浚控制自动化水平上了一个新的台阶。

　　2004 年 12 月该船分别在长江口、洋山、金山水域进行试验。

　　该船先在长江口进行试航和装舱试验；继而在洋山水域进行水深 45 米处下放吸砂管(两节)试验。空气压缩系统、水下泵防漏水、水下泵性能等检验是否正常。在洋山水域，水下泵被下放到水下 26 米，第一节吸砂管与水线成 53 度，耙头被放至水下 45 米。在此状态下水下泵启动装舱，各系统、设备工作正常，浓度也较理想。该船最后在金山进行抽舱排岸(艏吹)试验。经过 4 天的试航和试挖，"新海狮"号各项指标达到预先设计的目标。

　　该船经过短短的一年内改装成功，交付使用，在洋山深水港建设施工中发挥了重要作用，获得显著的经济效益和社会效益。

　　2) 13 500 立方米耙吸挖泥船"新海虎"号

　　中港疏浚股份有限公司于 2004 年初委托中国船舶及海洋工程设计研究院设计 13 500 立方米耙吸深水耙吸挖泥船，这是我国当时载重量最大的耙吸挖泥船。

　　该船设计于 2005 年完成。广州文冲船厂于 2005 年 10 月 28 日开工。2007 年 5 月 26 日交船，该船船名"新海虎"号(见图 4 - 24)。按中国船级社(CCS)、法国船级社(BV)规范设计和建造，该船入级中国船级社(CCS)。

　　该船总长约 150.70 米，型宽 27 米，型深 11 米，平均吃水 9.5 米，挖泥吃水 9.5 米，排水量 32 050.2 吨，泥舱容积 13 570 立方米，载重量 21 368.1 吨，试航船速 15.5 节，挖泥航速 7.0 节，挖深 32～42 米，额定排距 3 000 米。

图 4-24 "新海虎"号

该船为双机、双桨、复合驱动、单甲板、艉楼、带球鼻艏、折角线船体、双耙设置且具备艉吹功能的耙吸挖泥船。该船主要用于沿海疏浚和吹填作业,可无限航区调遣。

在所需最大持续功率80%的平均功率下,该船可连续工作30天。在空船或轻载时,艏尖舱作为纵倾调节舱能够迅速地压、排水,用于调节船舶的纵倾。当船舶满载10%油水,装载达到9.5米吃水时,无须压载水,船舶基本接近平浮状态。在设计吃水和挖泥吃水时,完整稳性和破舱稳性均满足规范要求。

该船适应挖掘淤泥、黏土、细粉砂、中细砂、粗砂、碎石和卵石。当疏浚为中细砂、挖泥30米时,有效装舱时间约为55分钟。两台泥泵串联将中细砂通过3 000米长的管线泵出时,吹岸时间约为70分钟,吹岸距离可达5 000米。

该船在设计中采用了线型优化、浮态控制、泥舱结构、动力装置等关键技术进行了研究。

随着对大型耙吸挖泥船航速及经济性的要求日益提高,该船的关键技术是必须对线型进行优化,降低船体阻力;对直立圆柱型船首和球艏分别进行了优化,对两种形式的船首进行了船模试验并进行比较,最后表明,带球鼻艏的线型比圆柱艏线型阻力在自由航速时降低了 18%;采用复合驱动,艉部线型的优化显得尤为重要。针对目前耙吸挖泥船线型发展的趋势,在常规艉的艉部导管桨上方采用了拼装式导流鳍,改善了螺旋桨的进流,不仅提高推进效率,还改善了振动性能。

另外,该船在国内第一次采用 HR 高效导流管,通过模型试验证明高效导流管比 19A 导流管推进效率提高了 4.8%。

该挖泥船的特点是多工况,所以其装载及浮态也是多变的。根据该船的布置特点,泥舱重心位于舯前,为保证在满载工况下的浮态无艏倾,满载吃水时船的浮心位置必须要满足浮态要求。故线型设计时需要将空船重心估算准确,以便确定合理的浮心位置,与浮心位置相匹配,实现满载吃水时基本平浮,无艏倾。既要满足浮态要求又要使浮心位置不必过于在舯前以利船舶的快速性。为此要尽量控制空船重心位置。

不同的布置决定船舶不同的重心位置。该船的驱动方式为复合驱动——一拖三,从而决定了机舱及泵舱位于船舯后,泥舱位于船舯,辅机舱位于船舯前的布置方式,同时为了保证浮态,一般将甲板室布置在艉部。为了减小主尺度,在满足布置的基础上尽量将机舱、泵舱的尺寸做小。辅机舱的设计一方面是用来布置辅机,另一方面也是为了浮态的要求,如果机舱、泵舱纵向尺寸小,辅机舱也可以做得小些,对减小主尺度有利。

该船的泥舱底部结构设置锥形泥门,这在结构受力上与方形泥门完全不同。它是通过阀杆连接到位于泥舱围板甲板上的液压油缸装置,这种泥门的启闭通过液压油缸作用,液压油缸的作用反力直接传递给泥舱围板的箱形甲板结构。

泥舱区域设置抽舱通道,泥门之间设平板肋板并采用锥形泥门的泥舱结构是第一次设计,是考虑了多种不同方案,进行比较后优化而成的。

在卸泥方式设计上,采用在泥门四周设置泥门包板的办法设置锥形泥门,并尽量增大泥门包板的倾角,以方便卸泥。为确保设计成功,由中港疏浚技术重点试验室进行1∶12的模型试验,并按试验结果,增设高压冲水喷嘴。

该船甲板室的内外围壁采用压筋围壁结构。其优点是结构形式简单、减少焊接工作量,从而减少焊接引起的变形。

泥泵与高压冲水泵的工作基本是同步的,其负荷高低与推进螺旋桨负荷高低是错开的,每个工况所消耗的总功率基本接近。动力装置设计适合采用复合驱动的方式。其优点是最大限度地利用了柴油机的功率,降低了挖泥营运及维修成本,便于操纵管理,降低了船员的工作强度。

采用自动化的复合驱动主机功率管理系统包括主机功率分配和电站管理两部分。该系统可以对可调螺距螺旋桨、轴带发电机与泥泵之间的功率进行合理分配和调节,保证全船在各种工况下的功率需求和配电模式的转换。

冷却系统设计也是该船一项关键技术。大型耙吸挖泥船大多采用艉耙、艉机舱的布置形式。在进行挖泥作业时,耙头带有高压水喷嘴,将泥砂冲散以便于耙头吸入,因此工作区域的水质十分浑浊,这给船上的冷却系统尤其是柴油机冷却系统的设计带来了困难。目前较为普遍采用中央冷却器的冷却方式,船上进行热交换的设备均采用淡水冷却,中央冷却器采用海水冷却。为了降低浑浊的舷外水对海水系统的影响,将海底门设在远离耙头的艏部,并设海水沉淀舱与海底门相连,海水经沉淀舱时流速降低,泥砂沉淀在沉淀舱舱底,冷却海水泵从海水沉淀舱取水。这样舷外浑浊的海水经沉淀后再进入冷却系统,对海水系统起到了保护作用。为便于海水沉淀舱定期进行清理,设喷射泵与沉淀舱相连,沉淀舱底的泥砂用消防水冲散后由喷射泵排至舷外。

“新海虎”号投产后,用户、设计、建造单位联合举行技术总结会,其中对设计作出如下评价:

“该船主要性能指标均满足设计要求,操纵性能优良,各系统都较好地满足作业要求,是一艘技术先进、性能优良的现代大型耙吸挖泥船;该船作为我国第一艘自主设计、建造,具有当时世界先进水平的大型耙吸挖泥船,设计、建造中做了大量的技术创新工作,如'一拖三'复合驱动技术在国内第一次采用,功率管理系统在国内第一次采用,大直径耙管及其吊放系统、方形预卸泥门等疏浚设备在国内第一次开发,轴带发电机作为主电站的电站配置在国内第一次采用,先进理念的疏浚集成控制系统在国内第一次开发"等。

"新海虎"号研发成功打破了国外对高效大型耙吸挖泥船的垄断,造价较同期进口船降低约 30%。有力地推动了我国对该类船自主研发进程与推广使用。中国船舶及海洋工程设计研究院也借此在高效大型耙吸挖泥船设计技术方面进入世界先进领域,此后连续设计了多艘技术更先进的同型船。

3) 16 888 立方米耙吸挖泥船"新海凤"号

16 888 立方米耙吸挖泥船"新海凤"号是我国继自行开发 13 500 立方米大型耙吸挖泥船"新海虎"号后建造的首艘超大舱容耙吸挖泥船,实际舱容17 000 立方米,显示了这一时期研发设计的耙吸挖泥船向大型化发展的特点。中港疏浚股份有限公司于 2006 年初委托中国船舶及海洋工程设计研究院设计,同年 7 月通过方案设计评审,2007 年 8 月完成设计,广州文冲造船厂于 2007 年 9 月开工,2008 年 11 月 28 日交船。其船名为"新海凤"(见图 4 - 25)。

图 4 - 25　"新海凤"号在航行中

该船为双机、双桨、复合驱动、单甲板、艏楼、带球鼻艏折角线船体、双耙作业、具有艏吹功能的超大型耙吸挖泥船,主要用于沿海疏浚和吹填作业,无限航区调遣。

该船总长 160.90 米,型宽 27.00 米,型深 11.80 米,平均型吃水(夏季载重线、国际干舷)8.00 米,平均型吃水(疏浚标志、国际半干舷)10.2 米,舱容(泥舱围板上缘)约 17 050 立方米,载泥量(吃水 10.2 米)约 23 750 吨,总载重量(吃水 10.2 米时)约 25 000 吨,吸泥管内径 1 200 毫米,挖深 35~45 米,主推进柴油机两台:600 转/分、11 600 千瓦,轴带发电机组 2 台:2×3 200 千瓦。

应急发电机组 1 台:约 730 千瓦;电驱动舷侧推装置两台:2×735 千瓦;船模试验自由航行船速(在平均型吃水 10.2 米/时)约 16.7 节。

该船依靠双艉耙进行疏浚作业,可将耙吸的泥浆装舱,或当泥浆浓度很低时直接排出舷外。通过船底两排锥形泥门抛泥,在使用泥门抛泥前可采用不突出船底预卸泥门抛泥以减少船舶吃水,即可在最小的富余水深条件下进行抛泥作业。

设置抽舱系统、吹泥浮管及艏吹接头或艏部喷嘴,通过单泵或双泵串联进行艏吹排岸作业或艏喷作业,当使用两台泥泵串联吹岸时,吹岸距离最大可达 5 000 米。

采用两台高压冲水泵进行冲舱,配有高压冲水和可卸式耙齿的耙头来疏松密实土,稀释和松散泥舱内的泥砂有助于抛泥的抽舱作业。

驾驶室遥控操作两个可升降溢流筒,在一定的舱容到最大舱容范围内进行连续调节。

动力配置采用复合形式("一拖三"),在机舱内设置两台主柴油机,每台主柴油机后输出端通过齿轮箱驱动一个可调螺距导管螺旋桨和一台交流主发电机,前输出端通过双速比齿轮箱驱动位于独立泵舱内一台泥泵。

全船控制系统采用综合平台系统,计算机集成控制,在驾驶室单人遥控推进控制系统,单人遥控耙管、泥泵控制系统。

一台跨距 26 米、吊重 30 吨的移动式液压甲板吊车，用于设备维修和起吊重物。在主甲板以上的船首设置有空调的居住舱室，可供 48 人居住。

该船主要技术难点：一是装载突变对浮态的控制要求高。二是复合驱动、多工况作业方式对动力配置及引起的主发电机频率变化加大了配电系统的设计难度。三是设计过程中要严格控制全船重量。四是大型疏浚设备研究开发。

解决措施：一是总布置合理和线型的优化。通过船模试验，对各种工况下的阻力和推进进行验证。二是正确估算挖泥工况时的阻力，合理配置动力装置及传动形式。三是各专业严格控制设计重量。四是借鉴过去的设计经验，严格按照规范和标准精心设计。

该船的总体设计是"新海虎"号挖泥船设计思路的延续和提升。考虑的重点是主尺度、线型、浮态、总布置等，通过船型优化，确定合理的主尺度，选择合理的线型，尽可能提高装载量和疏浚系统的作业性能以及降低装机功率，从而降低单方土的成本。

随着大、中型耙吸挖泥船向长宽比 L/B 减小、向船宽吃水比 B/d 及方型系数 C_b 增大的趋势发展，以及船舶所有人对该船型经济性的要求日益提高，尤其是复合驱动诸如主机前输出端驱动泥泵，后输出端驱动螺旋桨及轴带发电机的驱动方式的采用，艉部线型的优化显得尤为重要。既要施工方便又要改进推进性能，于是便产生了常规艉加导流鳍的艉部形式。当时荷兰 IHC 公司所设计的大型耙吸挖泥船基本上都采用这种艉部形式，即在常规艉的艉部导管桨上方采用了拼装式的导流鳍，这对改善螺旋桨的进流将起作用，有利于改进推进和振动性能。

为了研究两种不同导流鳍的流体性能对船舶快速性的影响，针对不同的导流鳍进行了船模试验。通过试验比较后采用的导流鳍艉更能有效地改善推进性能，提高自由航行速度，使该船的最大自由航速达 16.7 节。

在疏浚系统设计、布置上，既重视吸收国外技术经验，同时结合该船自身特点，进行合理设计。

为满足装舱与排岸两种工况的要求,泥泵系统配置双速齿轮箱,泥泵流量是当时国内自行设计制造中最大的。泥泵管路设计方面,在泥舱内设置抽舱通道,抽舱装置为小泥门形式,整个抽舱系统与船体结构配合上显得合理紧凑。泥泵管路配置大通径高压力液压闸阀,最大直径为 1 200 毫米,最大压力为2.5 兆帕,无论是液压闸阀直径还是工作压力都是当时使用中最大的。

为提高单壳离心泵的效率,高压冲水泵系统由电动机经减速装置驱动。电动机由驾驶台通过疏浚控制系统变频调速遥控。高压冲水泵管路设计满足双泵串联耙头冲水工况、双泵并联泥舱冲水工况。左舷高压冲水泵还用艏尖舱快速压载。

该船耙吸管吊放系统满足 35 米挖深与 45 米挖深的要求。在较浅挖深(35 米以下)时,采用较短耙吸管工作,当挖深 35 米以上时,通过加长耙吸管,移动耙头吊架,在不增加改变设备情况下满足要求。耙吸管绞车采用行星齿轮减速箱,所采用的大吨位拉力绞车也是国内首次应用。

由于液压传动装置重量轻、体积紧凑,挖泥船上各种设备一般都采用液压传动,因此液压系统性能的好坏直接影响挖泥船的综合性能。该船疏浚机械均由液压驱动,耙头波浪补偿系统配置快速锁定装置,各通海阀均配有应急关闭装置。在应急情况下可以快速起耙,整个液压系统采用 PLC 控制,可在驾驶室进行全部挖泥操作。结合耙吸挖泥船实际应用工况,合理考虑各个设备液压回路选择以及控制,保证各设备正常工作。考虑泥门关闭后要锁紧,采用液压锁紧回路。从安全可靠方面考虑,绞车与吊架采用联锁控制。

该船的创新点如下:

(1)开发应用新型疏浚设备。配合疏浚系统的设计,中国船舶及海洋工程设计研究院自主研发疏浚设备,包括吊架、耙头、泥门、预卸泥门、舷侧吸口装置等,泥泵、艏吹装置、绞车均为国内设备厂配套设计制造。

(2)耙吸挖泥船大型化的发展过程中,浅吃水、肥大型的船型到 20 世纪90 年代已成为主流,这种船型可在船舶的主尺度略有增加(即追加有限投资)

的前提下,最大限度地增加装载能力,促使单方成本降低。

(3) 因受建造厂船坞条件的限制,船宽不得超过 27 米,这使"新海凤"号在尺度优化、总布置乃至装载性能等方面增加了新的设计难度。"新海凤"号经主尺度优化,设计吃水为 8 米,半干舷挖泥吃水为 10.2 米,因而尽管船宽较小,但浅吃水的特征参数为 2.65,舱容系数达到 0.350 1。据统计国外 8 艘 16 000～20 000 立方米耙吸挖泥船舱容系数的平均值为 0.33,最大值为 0.389,"新海凤"号的数据高出平均值。采用不突出船底的预卸泥门抛泥,可确保在最小富余水深的浅水区域作业。

(4) 针对该船的主尺度特点,在开发设计时进行了多方案的比较论证,同时对不同的艏部、艉部线型进行了多方案的船模试验比较,对常规艉、双艉以及双艉鳍等艉部线型等进行了多方案的研究和比较,并针对不同的线型考虑不同的附体形式,最终采用常规艉加导流鳍的艉部线型。在节能手段上采用了目前世界上比较先进的高效导流管形式,经试验比较可节能 3%～5%。

(5)"新海凤"号的动力系统设计采用了"一拖三"复合驱动和功率管理系统等措施,主机选用 WARTRILA 16V38 柴油机,功率为 11 600 千瓦,受柴油性能限制,全船总装机功率 24 400 千瓦,单位泥舱装机功率为 1.445 千瓦/立方米,明显高于国外船型的(1.242 千瓦/立方米),也高于国外大型以上耙吸挖泥船的平均值。这表明我国大型耙吸挖泥船单方土所耗的功率指标与国外仍存在一定的差距。如何降低能耗仍是我们赶超国外的重要目标。

2008 年 5 月在伶仃水道进行试航,各设备正常运行,各项疏浚性能达到设计要求,船舶所有人对设计及制造表示满意。

"新海凤"号是我国自行设计、建造的首艘超大型耙吸挖泥船(舱容超过 17 000 立方米),她的成功设计、建造,推动了我国大型化疏浚装备技术的发展,打破了少数国家对大型耙吸挖泥船技术的垄断,提高了我国在国际疏浚界的地位,为国家节省了外汇,为国民经济建设及航道疏浚工程做出了贡献。

该船获 2000 年中国船舶工业集团公司科学技术进步奖等一等奖项。

4）18 000 立方米耙吸挖泥船"通程"号

2007 年 9 月和 2008 年 8 月,中交天津航道局有限公司委托中国船舶及海洋工程设计研究院设计,广州文冲造船厂建造 15 000 立方米自航耙吸挖泥船。在 2009 年 3 月详细设计修改会上,三方同意为充分发挥该船的效能,将已设计的船长增加 9.8 米,泥舱舱容扩大至 18 000 立方米。经修改详细设计后,船厂于 2009 年 6 月 30 日动工,2010 年 6 月 24—26 日试航后于 7 月 20 日交船。船名为"通程"号(见图 4 - 26)。

图 4 - 26　在航行中的"通程"号

18 000 立方米深水耙吸挖泥船是我国当时自主设计和建造的舱容最大、挖掘水深最深、技术水平先进、功能齐全的挖泥船,该船为双桨、双机复合驱动、双耙带水下泵、单甲板、艉楼、钢质焊接、流线型、带球鼻艏的耙吸挖泥船,主要用于沿海港口、航道疏浚和吹填作业,并兼作海岸工程维护,可于无限航区进行调遣。

该船总长 162.3 米,型宽 28.5 米,型深 15 米,设计吃水 9.5 米,挖泥吃水 11 米,泥舱舱容 18 374 立方米,载泥量 28 388 吨,排水量 42 404.3 吨,最大挖深 85 米,航速 15.04 节,自持力 20 天,续航力 8 000 海里。该船入级中国船级社（CCS）。主机 WARTSILA 12V38 两台 8 700 千瓦、600 转/分；柴油机880 千瓦三台。发电机组 736 千瓦三台。

该船采用了成熟的全通甲板设计技术，即加大型深，以全通的泥舱甲板取代原来的主甲板。采用全通甲板的船舶比甲板带舱口围板的船体重量增加约2%，载重量却可以提高 20%。

在疏浚设备上，该船是国内第一次采用全电力驱动方式，耙吸挖泥船通过不同的驱动方式为其"心脏"——泥泵提供动力。该船采用主机驱动轴带发电机，利用轴带发电机供电给泥泵变频电机来驱动泥泵（以下简称"电力驱动方案"）的方式。

该方案的运用首先使泥泵的布置更加灵活。电力驱动方案对泥泵的布置没有特别的要求，泥泵和驱动电动机可以布置到泥舱的前面，按照泥舱居中的原则，船的总长就能有效地得以控制，并可相对降低建造成本。此外，又可减小对主柴油机的冲击。泥泵、水下泵、高压冲水泵、艏侧推装置等这些大功率负载采用电力变频驱动后，启动平稳，对柴油机冲击影响小，而"一拖三"方案，在泥泵合排时，突加负载很大，将对柴油机造成很大的冲击。再则，为适应更多的疏浚作业工况，这就需要泥泵等疏浚设备有更多的转速变化来提高作业效率。而疏浚设备通过变频电机驱动，均可通过功率管理系统对电站功率重新分配，达到灵活控制或改变各设备的输出功率，进而适应不同土质和产量的疏浚工况。

大挖深水下泵的设置。泥泵是挖泥船的心脏，关系到挖泥船疏浚能力和生产效益。由于泥泵可以设置到泥舱的前部，耙吸管系的设置也更加自由，耙吸管系一般从泥泵的吸口端开始，最长可以到达艉部。如泥泵舱远离了船的艉部，则耙吸管系需更长，根据该船的有效设置耙管区域和选用的水下泵配置，确定最大的挖深为 85 米，水下泵的功率为 3 200 千瓦，同样通过功率管理系统的协调，可采用单个右舷舱内泵和水下泵串联或单个水下泵——右舷单耙作业进行最大挖深 85 米的疏浚作业。该挖掘能力是当时我国国内耙吸挖泥船中所能达到的最大挖深。同时，为兼顾我国疏浚工程的自身特点需要，该船设置了多级挖深配置,分别可进行 35 米、45 米的挖深作业,相应右舷设置有耙中吊架 A 和耙中吊架 B,通过拆卸耙管或水下泵以及耙中吊架 B 移位完成不同挖深作业的要求。

当水下泵的设置目标为挖深 45 米、85 米时,为满足吸入性能和扬程的损失要求以及提高疏浚浓度,在船舶允许的装机功率下,必须把水下泵设置在耙吸管的位置上,距水线以下的深度需进行计算比较,提供给设备厂商核算,以确定不同挖深时在允许功率下的泵流量、压力、转速,进行了多次的协调,最后选择 VOSTA 现有的 1000 型泥泵,当耙管 49 度时置于满载水线下 30 米左右,合理布置以充分发挥效能。

由于采用电力驱动方案,甲板室位置布置也更加灵活,该船选用的艉甲板室具有比较显著的优点。艉甲板室对于观察耙吸挖泥作业工况更加方便,且便于船员对耙头、吊架等甲板疏浚设备的检查,易于到达机舱集控室,甲板移动式吊车可以吊至艏吹装置等设备。

驾驶室的格局划分也是该船设计的一个亮点。船航行方向与挖泥操作人员的观察方向一致,均面向船首方向,为使驾控人员和挖泥操作人员互不干扰,采用了驾驶室前端区域上下错层的方法解决了这一难题。即驾控台位置靠后,设在高处;挖泥控制台位置靠前,设在低处。通过视线范围分析,在舵工和操耙工的正面、前左、前右三个方向设置上下两层的大型落地窗,保证了两个控制台均具有较好的视野。另外由于驾驶室更加靠近艉部耙头位置,两舷相应位置也设置了落地窗,极大地扩大了对耙头附近设备观察的视野。

在人性化设计方面有了明显的提高。该船主要提供了更加便利的生活和工作设施,配置了一部从驾驶室经过生活区到机舱区的电梯,方便了船员工作和生活的需要,这也是国内在耙吸挖泥船上的首次采用。另外生活舱室的配置标准也有所提高,全船定员 40 人,其中独立套间 3 间,其余为单人室或双人室,其中双人室的居住面积也达到了 13 平方米。还为船员配备面积足够大的活动场所、健身处所等生活娱乐设施。提高噪声和振动的控制标准,提供较以往国内大型耙吸挖泥船更舒适的生活、工作环境。

消能箱的布置与溢流筒的改进提高了装船效率。加大流程可延长泥浆沉淀时间,对提高沉淀效果有利,为此,将传统的消能箱出口由对准溢流筒方向改为背向溢流方向,造成回流运动以增加流程过程的沉淀时间。同时加大溢流筒的筒径,使流堰高度降低,流速减缓,减少泥浆流失,达到有效的装舱效果,减少疏浚时间,提高生产效率。从试验纪录数据分析,双耙装舱浓度约 30% 时,装满载仅用 21 分钟。这较按此工况常规理论计算时间缩短了 26 分钟,提高效率 55%。

天津航道局曾在 2003 年进口一艘耙吸挖泥船“通坦”号,该船设置箱形泥门。箱形泥门在抛泥方面具备不可替代的优势,它抛卸泥浆的使用范围广,死角更少,能有效快速地抛卸更多的黏性土质,减少高压冲水的辅助使用。但设计这么大的箱形泥门有一定的风险。“通坦”号箱形泥门密封性不好,经常造成泥门口卡石头损坏泥门而进坞检修。所以船舶所有人和使用部门对采用箱形泥门心存顾虑。考虑到箱形泥门的优点,该船在技术规格书中仍要求设计。设计团队对“通坦”号挖泥船的泥门结构进行分析和现场考察,发现了其泥门密封设计存在的不足之处。在设计接口处结构时采取了有针对性的改进措施,以防止泥门卸泥时在泥门铰链处积泥、积石,关门时避免卡死。并以此对“通坦”号挖泥船也提出改进意见,通过实船考验证明这是可行的,为“通程”号挖泥船箱形泥门设计积累了经验,打下了坚实的基础。此外,对泥门的楔形块的操作和泥门杆的导向也提出了改进措施,泥门楔形块,在推拉的接触部位首次增设导向滚柱,减少运动摩擦阻力,通过实践证明,大大改善了操作人员的劳动强度,获得船舶所有人的赞誉和认可。

泥门杆的导向座将传统的焊接式改为可拆卸式,方便安装调节和维修更换。同时对泥门的铰点形式也进行了充分的分析、设计和处理,该铰点是泥门运动的关键部位,是易磨损件。

对泥门的接口密封也做了周密的分析处理,解决了两扇泥门的对接密封、泥门与船体的密封以及过渡段的密封问题。对防止泥浆侵袭、材质的选择、节点焊接和工艺处理都做了仔细的考虑，并向工厂技术交底，为工厂编写工艺流程提供方便。大型箱形泥门的成功设计并在该超大型耙吸挖泥船上首次应用，给日后的泥门设计带来更多的选择。

耙吸管吊架是针对该船的全通甲板以及右舷的水下泵装置的特点进行设计的。7台吊架均为独立体，所以变幅油缸的支承座设在吊架基座上，精心计算油缸的安装距，使吊架收缩状态时油缸活塞杆不外露，既美观又防腐。水下泵装置吊架变幅为双油缸，耙头、耙中、弯管吊架变幅为单油缸，而将左、右耙中的耙头吊架的导向滑轮安置于基座内部，使结构更紧凑，耙头吊架基座为可拆卸式，满足了耙管加长的吊放布置需要。通过波浪补偿装置后油缸滑轮的钢丝绳无须再增加导向滑轮，而直接通向牵引绞车的钢丝绳则需设高位滑轮导向装置。

耙头托架设计是该船的首创，以往耙吸挖泥船对耙头不另设托架，均仅由耙管吊架托住固定。该船考虑耙头较重，且悬臂重心距耙头吊架支座较远，当船在风浪中航行时会产生较大的垂向惯性力，对耙头与耙管的连接螺栓造成较大的弯曲应力，曾有船舶此处出现断裂现象。为了解决该问题，采用可调式的螺杆托盘顶升机构，有效地顶住耙头，使耙头处于支撑状态，克服三点接触受力不均匀的问题，既起到有效支撑，又避免耙头带泥造成托架积泥的结果，使耙头带泥释放不受影响，取得较好的效果。

设置软性缓冲装置是船舶所有人对该船提出的新要求，考虑到水下泵装置较重，船舶摇晃时产生的撞击力较大，为防止水下泵装置对吊架的撞击破坏，故在船的右舷设置耙头、耙管、水下泵装置三点处设软性缓冲装置。设计软性缓冲装置时考虑既能吸收一定的冲击力，又不至于损坏构件，起到缓冲的作用，而且还要有一定的缓冲距离和所需的搁置位置，当装置下放时又不承受太大的摩擦力。

右舷滑块承担水下泵与舱内泵串联工作时产生的正压力，所以滑块的吸口接触面积必须考虑承受正压力密封。原拟采用气胎密封,由于承造厂的气胎材质太硬,而且为单件生产,不能满足使用要求及继续制造,最后采用中国船舶及海洋工程设计研究院自行研究设计的"右舷滑块的正压密封"装置并装船使用。

该船装舱管系采用双泵、双管系合流于两只消能箱的装舱方式,布设于两泥舱口内侧,固定于船体横梁,有利装舱分别控制,且其中间留出空间,供放置水下泵装置及备件。舱内管系根据功能尽量贴近舱壁向上布置,留出泵舱空间及优化流道。高压冲水管系按常规布置考虑,但为了检修方便,避免损坏,按船舶所有人要求设计,管系藏于三角舱内,只露出喷嘴。

该船是集港口航道疏浚、吹填造地功能于一体的特种工程船。设计建造中采用了当前世界大型耙吸挖泥船的主流先进技术和设计理念,即"适宜技术"。"适宜技术"与"可持续性"及"经济性"紧密相连,在为特别考虑其社会和环境效果的技术或工程设计时予以考虑。该船舱容系数达到 0.287,与国际上同类型船的最佳值已相当接近。推进比功率最终定为 0.039 4,达到国际先进水平的 0.03～0.04,并且成为国内耙吸挖泥船的"绿色环保"冠军。在功率配置、多级挖深配置、箱形泥门、泥门高压冲水嘴等方面采取的措施均为国内首次成功应用,且效果极佳。该船 2012 年度获得中国水运建设行业协会科学技术奖特等奖。

5) 13 280 立方米耙吸挖泥船"长鲸 6"号

2007 年 5 月武汉航道局委托中国船舶及海洋工程设计研究院设计 13 000 立方米耙吸挖泥船,2009 年 7 月完成施工设计,由南通港闸船厂建造,2010 年 8 月交船,船名"长鲸 6"号(见图 4 - 27)。

该船为双桨、双机复合驱动、双耙、单甲板、艏楼、流线型、舭部折角船体、大球鼻艏的耙吸挖泥船。主要用于沿海港口航道疏浚和吹填作业,并兼作海岸维护的工程船。

该船总长 157.80 米,型宽 27.00 米,型深 10.50 米,设计吃水 7.50 米,挖泥吃水 9.00 米,航速 16.10 节,舱容量 13 280 立方米,载泥量 19 250 吨,挖深 45 米。

图 4-27 "长鲸 6"号

　　该船具有排岸和艏喷两种功能。装舱时间：挖深 35 米时双泵时间约 60 分钟,挖深 45 米时双泵时间约 80 分钟。

　　该船设计中,研发团队充分地应用了国内在耙吸挖泥船方面的研究成果。选定的主尺度符合当前耙吸挖泥船尺度以及船型系数的发展趋势。方案设计阶段,对船长的确定做了较多的论证工作;船长增加的起因是机舱长度增加。如果仅按机舱的长度要求增加船长,则泥舱相对偏前,会产生满载情况艏倾的不利浮态。论证从增大机舱长度,压缩泵舱长度,适当加长艏部辅机舱长度等方面进行多个方案的比较选择,最终确定了合理的船长。实船浮态达到了预期的效果。

　　对该船结构设计做了针对性的改进,如机舱集控室处于舱内甲板的开口处,将开口后端梁的支柱用强桁材连接到开口前的横舱壁垂直桁,使开口形成的结构中断得到补偿;以往艏侧推导管仅下半圆弧与船底结构连接,该船在导管的上半部分也做了加强,平稳过渡到船底结构;驾驶甲板移动式吊机搁架区域的甲板结构及下面舱壁门的开口位置做了调整,避免搁架悬臂结构产生剧烈晃动。这些改进措施对减小局部振动起了有效的作用。

轮机设计采用耙吸挖泥船常用的"一拖三"动力驱动模式,该技术具有一定的先进性,也比较成熟可靠。方案设计阶段对 MAN8L48/60B 和 Wartsila12V38 两种机型进行了比较论证。MAN 机功率足够大,可提供恒扭矩输出,比较适合驱动泥泵,缺点是机体长度长、重量重;而 Wartsila 机则体积小、重量轻,但没有恒扭矩输出,且功率偏小。经论证推荐用户选择 MAN 机,船体主尺度相应调整,该方案得到用户的认可,实船证明选择合理。

电气设计。电力系统采用"一拖三"动力方案,由两个 690 伏电网和一个 400 伏电网组成。690 伏电网由轴带发电机供电,主要向疏浚设备和艏侧推装置供电;400 伏电网供全船日常用电设备,由主发电机供电。这样的电力系统方案避免了泥泵调速对船舶主电网频率波动的影响,增强了船舶航行安全用电设备的供电可靠性。

在上层建筑外部结构风管的设计上,一是在上层建筑前端壁前的空调新风管开口垂直向船首方向,考虑进风顺着船舶前进方向,阻力较小,使进风顺畅,但风管易进水,气水分离装置的挡水及分离水气的效果较差,进风管中积水会较多。根据广州文冲船厂有限责任公司的经验,将进风口改为水平向下,解决了进水问题,进风也能满足要求。二是在上层建筑外围壁的风管按照通风筒要求确定壁厚。这些设计上的改进,使用户感到满意。

6) 10 288 立方米耙吸挖泥船"浚海 1"号、"浚海 2"号、"浚海 5"号和"浚海 6"号

中交广州航道局有限公司曾在 2007 年委托中国船舶及海洋工程设计研究院研发的舱容为 8 500/9 000 立方米的"浚海 1"号、"浚海 2"号投入营运后,在总布置、船舶性能和设备功能等方面均有优良表现,获得使用者高度认可。于是在 2010 年 5 月再次委托该院设计该型船的后续船并做技术转让。

基本设置及功能。双耙把疏浚作业,可将耙吸的泥浆装舱,或当泥浆浓度较低时可直接进行舷外排放。具有泥砂回填功能,通过右泥泵,可把泥舱的泥砂从左耙头回填至海底沟槽中。左舷设有装驳系统,当使用右耙挖泥时,左舷

可依靠3 000立方米以上舱容的泥驳,通过装驳系统装驳,通过船底两排锥形泥门抛泥。挖泥前可使用右泥泵抽舱,直至抽至泥泵吸口高度为止。

采用抽舱系统、艏吹接头及吹泥浮管,通过双泵串联或右泵进行艏吹排岸作业。采用艏部喷嘴,通过双泵串联或右泵进行艏喷作业。采用配有高压冲水和可卸式耙齿的耙头来疏松密实土。采用两台高压冲水泵进行冲舱,稀释和松散泥舱内的泥砂而有助于抛泥和抽舱作业。冲舱时高压冲水压力可达0.8兆帕。

每扇泥门由一台液压缸启闭,在驾驶室进行遥控。敞开式泥舱带有舱口围板,并在舱口四周设有防溅板。驾驶室遥控操作一只溢流筒的液压缸,在舱容从5 500立方米到最大舱容10 288立方米范围内进行连续调节,"浚海6"号耙吸挖泥船如图4-28所示。

图4-28 在航行中的"浚海6"号耙吸挖泥船

经多次商讨,决定在保持原有设备和总装机功率基本不变的情况下,对主尺度和总布置进一步调整和优化,泥舱做适度扩容,以满足更广泛的工程需求。中国船舶及海洋工程设计研究院研发团队据此进行精心设计:

(1) 确定主尺度与线型。该船的型宽和型深与母型船"浚海 1"号、"浚海 2"号挖泥船保持一致,为达到增加泥舱舱容的目的,设计时将泥舱段加长 6.3 米,泥舱宽度和高度则保持不变,使该船的泥舱名义舱容从 9 000 立方米增至 10 288 立方米。在其他舱段长度维持不变的情况下,整个船长相应增加了 6.3 米,使得垂线间长达到 122.3 米。泥门数量仍保持两排共 18 个,仅将纵向泥门间的间距由首制船的 4.9 米增加到 5.6 米。并且保证较大的泥浆密度,提高泥舱的装载能力,同时,为了尽可能提高船舶利用率,增大作业水域施工范围,在提高装载能力的同时增加该船的挖泥吃水。

(2) 增加装驳系统。为更好地适应工程需要,拟在该船增加装驳系统,配套泥驳有三型,其长度为 67～100 米,吃水为 3.6～4.8 米,作业方式为一舷下耙挖泥的同时另一舷靠驳进行装驳。针对此要求,该船在左舷设置梆驳缆桩,满足泥驳拉力要求,在左舷还增设两台装驳吊架及配套管系,用于装驳作业,在长距离调运作业时,可与驳船配合施工,提高了工作效率。

(3) 高压冲水管系从电缆线导架框架内布置。传统的耙头高压冲水管系一般从舷侧吸口通入耙吸管,通过接合面的橡胶圈密封高压水,该船高压冲水管系设计时利用电缆导架的框架作为流体输送管,实现了高压冲水管无缝衔接,避免了传统接缝处橡胶密封受损或密封不好时而造成的高压冲水泄漏。

经过优化设计后该船主要技术参数如下:

总长约 131.3 米,型宽 25.4 米,型深 9.8 米,平均型吃水(夏季载重线,国际干舷)7.0 米,挖泥吃水 8.45 米,泥舱载量约 14 570 吨,总载重量(吃水 8.45 米时)约 15 570 吨,泥舱最大舱容 10 288 立方米,吸泥管内径 900 毫米。满载航速 15.0 节。

自航耙吸挖泥船为双机、双桨、复合驱动、单甲板、艉楼、带球鼻艏流线型船体、双耙作业、带艏吹功能。它用于我国长江口、珠江口和其他沿海港口和航道的疏浚、吹填工程,以及沿海维护工程。

广州文冲船厂有限公司于 2012 年建成两艘,船名为"浚海 5"号和"浚海 6"号。

7) 20 000 立方米超大型耙吸挖泥船"通途"号

中交天津航道局有限公司曾于 2007 年 9 月委托中国船舶及海洋工程设计研究院设计 18 000 立方米超大型耙吸挖泥船"通程"号,2010 年 6 月投入营运后,效果很好。因而紧接着于 2009 年 8 月委托该院设计新一代 18 000 立方米耙吸挖泥船。

历经方案设计审查、泥舱增容方案审查、详细设计评审、生产设计审查过程,设计被认为技术水平先进、功能齐全。广州文冲船厂有限公司于 2010 年 10 月底开工建造,经系泊试验、航行试验和挖泥作业试验后于 2012 年 12 月初交船。船名为"通途"号(见图 4 - 29)。

图 4 - 29 "通途"号

该船总长约 160.30 米,型宽 30.00 米,型深 15.00 米,设计吃水 9.50 米,挖泥吃水 11.30 米,泥舱舱容 20 467 立方米,载泥量 29 830 吨,吸泥管内径 1 200 毫米,最深挖泥 90.00 米,航速 15.2 节。

　　该船至今仍是我国自行设计和建造的挖泥船中舱容量最大、挖掘量最大、挖掘水深最深的耙吸挖泥船,该船为双桨、双耙、双机复合驱动、单甲板、带球鼻艏的耙吸挖泥船,实际泥舱舱容高达 20 467 立方米,功能齐全,技术水平先进,还应用了多项节能、环保技术,是我国一艘出色的超大型耙吸挖泥船。该船的多项设计指标领先国内超大型耙吸挖泥船,部分参数指标达到了国际先进水平。

　　疏浚系统是挖泥船的特种设备集成,历来是我国疏浚装备的短板,原因是国内没有专业的研发厂商。中国船舶及海洋工程设计研究院设计团队立足国内,自主研发的耙头(包括先进的主动耙头)、耙管及吊架、绞车、艏吹旋转接头及喷嘴、可升降溢流筒、锥形泥门、输泥管系阀闸及附件等协调设备在疏浚行业制造厂商生产,使该船疏浚设备国产化率较高,国产化设备的使用,也推动了该产品的创新发展。

　　该船的技术措施以"通程"号挖泥船为母型船进行优化设计:在优化线型上,降低航行比功率;在泥舱容积增大上,通过对空船重量控制和在线型上采取严格措施,通过水池试验和线型优化软件进行深入分析,优化全船各主要部位的线型;艉部在导管螺旋桨附近采用独特的附体形式,针对该船艉部流场情况进行多次调整,得到理论和试验设计上的较优结果。试航航速达到15.24 节,航行比功率降至 0.037 1,接近了国际巨型以上耙吸挖泥船的平均水平。

　　在增大中压轴带发电机功率上:动力配置方式采用了由主机驱动大功率的轴带发电机,再利用轴带发电机供电给泥泵变频电机来驱动泥泵的方式;进一步提升该船的工况适应范围,该船采用了两台 8 000 千瓦的大功率中压轴带发电机("通程"号挖泥船为两台 7 500 千瓦),这也是当时国内在大型耙吸挖泥船上采用的最大功率的轴带发电机;该配置使船在各种运行工况下均能充分利用动力系统提供的功率;主机处于定速运转状态,提高了主机寿命。

　　大功率水下泵增加挖深:泥泵舱设置在泥舱的前部,耙吸管的长度设置满足了最大挖深,增加到 90 米。水下泵的功率为 4 500 千瓦,再创国内耙吸挖泥船配置水下泵功率的新高。大功率的水下泵能适应多种不同水深,是当时我国国内耙吸挖泥船中所能达到的最大挖深的新纪录。

同时，为兼顾我国疏浚工程的自身特点需要，设置了多级挖深配置，分别可进行 35 米、45 米挖深作业，相应右舷设置有耙中吊架 A。

该船首次配备了耙吸挖泥船集成监控系统。通过计算机、网络、PLC、传感器等技术，对挖泥船作业过程中的疏浚设备进行了监控，采集、处理、记录与疏浚相关的信息，通过网络结构实现数据共享，为挖泥船操纵人员提供必要的控制功能和监控信息，大大地提高工作效率和全船自动化程度。

全船总布置除了满足泥舱舱容需要、全船重量分布和装载浮态和设备操作便利性之外，对生活设施安全性、人性化设计和环境友好等方面都给予细致考虑。

由于采用电力驱动方案，甲板室布置位置相对灵活，参照艉甲板室的相对优点来配置满足用船方的需求。艉甲板室具有观察耙吸挖泥作业工况更加方便，更便于船员对耙头、吊架等甲板疏浚设备的检查，易于到达机舱集控室，甲板移动式吊车可以吊至艉吹装置部位等优势。

驾驶室保证了驾驶台和挖泥疏浚控制台的艉向视野要求。驾驶室更加靠近艉部耙头位置，两舷以及船尾方向相应位置也设置了落地窗，更加便于对耙头以及艉部作业甲板面的观察。

该船除了船员舱室的居住条件提高外，还配置了一部从驾驶室经过生活区域到机舱区域的电梯，为船员工作和生活提供了方便，充分体现了人性化设计。

该船主尺度参数的确定参考国内外近年来同级别、设计理念较为先进船舶的统计数据，以及中国船舶及海洋工程设计研究院在大型耙吸挖泥船预研与设计方面的经验，采用球鼻艏和普通艉形式，并对干舷、航速等主要性能指标，排水量、泥舱舱容、布置位置、动力配置方案等多方面因素进行综合考虑，确定了该船的主尺度参数。

动力驱动形式通过对作业航速和自由航速的任务分析，确定主机及螺旋桨的功率参数；通过挖泥作业、艉吹、排岸等作业工况分析，确定泥泵、高压冲水泵等多工况的功率参数；设置合理的动力驱动形式和功率分配方式，来满足该船多工况的任务需求。

电力系统配置,通过全船电力负荷分析以及多工况比较,确定主机前轴端驱动的电机等设备参数。合理配置电机、配电板、变压器、变频器等设备规格、布置等工作,优化并完成该船电力系统的配置。

通过对全船布置分析,确定了耙管长度、各个吊架的布置;通过对设备性能、尺度的分析,确定了多工况下水下泵的使用频率和工作情况;对水下泵的设备提出符合该船任务要求,使得特殊设备发挥特殊作用,极大地提升了该船作业能力和使用范围。

该船采用锥形泥门,对锥形泥门结构进行深入分析,与大型耙吸挖泥船的结构形式进行结合;设置符合疏浚工程要求的锥形泥门,使其发挥合理、高效的功能。在锥形泥门设计方面提出了新的设计理念,设计卡箍式锥面连接法兰,可拆式的密封条托架,单臂防旋转的导向架,方便安装与维修;采用滚轮式的导向楔减小劳动强度;扩大溢流筒的盆径与筒径,降低溢流速度提高沉淀率减少溢流损失;采取消能箱喷口入舱方向与溢流筒布置背向,延长了泥舱沉淀时间,减少溢流损失,提高装舱效率。

考虑到挖深 35 米、45 米、55 米和 90 米各工况的耙管、水下泵、舱内泵之间的关系,并在安全、有效挖泥作业的基础上,船配置了耙管吊放装置。

自主设计的疏浚设备、锥形泥门、抽舱门、左、右舷吊架、溢流筒、消能箱、转动管、十字铰、水平铰、耙臂等均满足使用要求,系统计算,设备参数选择,选型设备,除船舶所有人供货外,其余各类起升绞车,艏吹装置,移动式吊机,液压闸阀、蝶阀、液压成套原理、元件、油缸均符合设计使用要求。

在设计和建造过程,船舶所有人不断提出增加舱容等新的要求。摆在设计团队面前的是一份如此苛刻的考卷,面对挑战,大家全身心地投入到新方案论证比较工作当中。让客户满意,保证质量,控制成本,保障建造周期是设计团队的工作重心;全力以赴,打造精品,把挑战当作机遇,夜以继日地分析计算,精心地构思每一个方案,并将各方案精确地开展,全力攻克结构钢料变化、设备变化、重量预估、全船性能校核等等一个个技术难题,并进行比较、选择、计算,再比较、再选择、再计算……日以继夜地紧张忙碌工作,最终泥舱舱容锁定在船舶所有人要求的 20 467 立方米,并把由此带来的全船改动控制在船舶所有人、船厂均可接受的范围内,同时达到了既提高载泥量,又不降低航速的目标。在该船实船试验,顺利地挖满一船泥时,各项航行测试证明,该船设计的航速、振动噪声、回转等以及挖泥作业的各项主要性能指标均达到甚至超过了技术规格书和船舶所有人的要求。船舶所有人原来担心的振动、航速、油耗、挖泥时间等都一一解决,令其非常满意。

该船为我国舱容大、挖深深的耙吸挖泥船疏浚技术提供了可靠的技术支撑,具备了设计大型耙吸挖泥船疏浚设备的能力,并具一定的先进性和创新点。

"通途"号超大型挖泥船的研制成功,创造了国内超大型耙吸挖泥船的新纪录,是我国疏浚业发展的又一个里程碑。该船荣获 2014 年中船总公司科技进步奖二等奖。

8) 11 888 立方米耙吸挖泥船"新海虎 4"号、"新海虎 5"号

中交上海航道局中港疏浚有限公司曾委托中国船舶及海洋工程设计研究院研发 9 500 立方米耙吸挖泥船"新海牛"号、"新海马"号,并于 2009 年投入营运,使用情况良好,为此又于 2009 年底委托该院设计后续船,项目定名为"8 500 立方米等级耙吸挖泥船"。研发团队在总结前两艘耙吸挖泥船设计经验基础上,进行优化改进,增大了泥舱舱容,降低了主机功率,较大地提高了全船的经济效率。设计的结果最大舱容量可达到 11 888 立方米,中交上海航道局有限公司将其控股的中港疏浚股份有限公司的"8 500 立方米等级耙吸挖泥船"项目名称变更为"11 888 立方米耙吸挖泥船",2009 年 12 月开始设计,广州文冲船厂有限公司 2010 年 10 月建造开工,2011 年 12 月 12 日交船。

该船性能设计为双机、双桨、复合驱动、单甲板、艉楼、带球鼻艏钢质流线型船体,疏浚性能:可挖淤泥、黏土、细粉砂、中细砂、碎石和卵石。双耙作业、带艉吹功能的自航耙吸挖泥船,主要用于沿海疏浚和吹填作业,可无限航区进行

调遣。

该船总长约 140 米,型宽约 26 米,满载吃水不大于 8.5 米,轻载最大挖深 32 米。在艏部主甲板以上设置满足定员 45 人的生活区域;泥舱布置于船体中部;艉部设机舱及泥泵舱。驾驶台位于居住舱室最高处,有良好的驾驶视线和挖泥操作视野。

在满载吃水条件,主机功率 100% 时,船舶自由航速为 15.0 节以上。在 100% 的柴油机负荷下双耙挖泥时,对水航速约为 5.5 节,即逆流流速 3 节条件下,船对地的挖泥航速约为 2.5 节。

在 8.5 米吃水时泥舱舱容约为 10 000 立方米,载泥量约为 15 000 吨,载重量约为 16 050 吨,在所需最大持续功率 80% 的平均功率下足能使该船连续工作 20 天,续航力为 10 000 海里。

满载吃水 8.8 米时,泥舱舱容 11 888 立方米。稳性满足 CCS 的要求,在满载、50% 油水情况下船舶浮态基本接近平浮,满足稳性要求。该船船体不允许有共振现象,局部振动应控制在规范关于振动的指导性文件的要求以内。该船机舱、监控室、居住舱室的噪声应符合 CCS 规范关于船舶噪声指导性文件的要求。

当平均吃水 8.8 米、挖深 28 米、使用双耙挖泥时,该船静水航速不低于 6.0 节。

每台主机(以 100% 输出功率运行)将提供功率给一台泥泵、一台交流发电机,供给一台高压冲水泵马达和大约一半的船舶用电量,一只可调螺距螺旋桨。

该船疏浚系统具备双耙挖泥装舱,开底泥门抛泥,从船首向岸排泥和喷泥的功能。艏吹绞车可在机旁有线遥控,配备艏吹快速接头和自浮管。挖深在空载 10% 油水状态下,使用双耙挖深应达到 32 米。排岸距离达 3 000 米。

设置锥形泥门,通过船底两列锥形泥门进行抛泥。设置不突出船底的预卸泥门,在使用上述泥门抛泥前可采用预卸泥门抛泥以减少船舶吃水。设置两只可升降筒形溢流堰,可对舱容在一定范围内进行连续调节。采用抽舱系统、艏部喷嘴或艏吹接头,分别通过左、右舷泥泵或双泵串联进行艏喷或艏吹排岸作业。

泥舱设置足够的高压冲水喷嘴,可分区控制启闭,由高压冲水泵供水;泥舱内装设消能箱,减少水流扰动,加速泥浆沉淀。

采用双耙、三点式起吊,吊架由液压缸推放;耙臂绞车采用液压绞车,起吊速度按三点同步设计,可进行联动和单点操作。

采用新型高效耙头,耙头与高压冲水系统合理匹配,挖硬土时与特殊耙齿配合,并配置波浪补偿装置。

技术难点:一是装载突变对浮态的控制要求较高。二是复合驱动、多工况作业方式对动力配置及引起的主发电机频率变化加大了配电系统的设计难度。三是设计过程中重量控制要求严格。

设计中合理总体布置,线型通过船模试验优化设计。对各种工况阻力和推进性能进行验证。正确估算挖泥工况的阻力,合理配置动力装置及传动形式。严格控制重量。

图4-30 "新海虎"号耙吸挖泥船前去执行任务

"新海虎4"号、"新海虎5"号耙吸挖泥船(见图4-30)的成功设计、建造,推动了我国疏浚装备技术的发展,提高了我国在国际疏浚界的地位,为国家建设及航道疏浚工程做出了贡献。

9) 12 000立方米耙吸挖泥船"航浚6"号

南通华丰疏浚工程有限公司投资向南通港闸船舶制造有限公司订购一艘万方级耙吸挖泥船,南通港闸船舶制造有限公司于2011年3月委托中国船舶及海洋工程设计研究院开发设计,设计于2012年7月完成,船厂

8月开工建造,2013年8月建造完成。船名为"航浚6"号。

该船总长(船体部分)约135.00米,型宽27.00米,型深10.40米,夏季载重线平均吃水7.40米,疏浚时平均吃水9.00米,最大舱容(泥舱围板下缘)约12 178立方米,载泥量约17110吨,载重量(平均吃水9米时)约18 200吨,试航航速15.0节。

该船在2013年8月试航,正好遇上台风,风力达8级以上,还有很大的涌浪,尽管天气条件恶劣,但该船经受住考验,船体结构和各项性能指标都满足要求,挖泥试验一次成功,吹岸时泥浆呈黑色说明浓度非常高,疏浚效率也较高。通过实船试航试验,达到了预期的设计目标。

设计特点如下:

(1)该船是一艘双机复合驱动、双桨、双耙、艉楼、钢质焊接、流线型、双艉鳍、大球鼻艏,泥舱容量为12 000立方米的耙吸挖泥船,主要适用于沿海及河口水域的港口、航道疏浚、吹填工程。适合挖掘中细砂(无黏性),兼顾挖细粉砂、淤泥、黏土、粗砂。挖掘中细砂时,挖深28米,有效装舱时间不大于70分钟。

(2)耙吸挖泥船依靠主机的功率在推进船舶前进时,拖着耙头一起前进,所以主机功率相对较大。主机采用两台WATSILA16V32柴油机,8 000千瓦、775转/分,采用可调螺距螺旋桨,保证机、桨良好匹配。由于作业区水深较浅,很易引起艉部振动,所以船尾采用小双艉鳍设计,改善艉部流动,提高推进功率,避免剧烈振动。实船试验中,主机全功率航行时,艉部无异常振动。

(3)耙吸时,在浅水区域航行很易产生埋艏现象,所以该船采用了大球鼻艏线型,增大船首处浮力,解决埋艏问题,同时也使船的阻力大大降低。船模试验和实船试航都证明该船消除了埋艏现象,具有良好的阻力性能。

(4)提高耙吸挖泥效果,船上配置了电动双级离心高压冲水泵,对耙头附近的土层用高压水冲刷,协助耙头耙泥挖土。在试航实施对岸吹填试验时,出口泥浆呈黑色,浓度非常高。说明耙头附近的泥砂已被耙松,便于泥浆泵将高浓度泥浆水抽吸上来。

为提高泥舱的泥砂装载量,减少水分,泥舱中设置了两个溢流筒,将上部的水分溢流至船外,并可根据泥浆情况自由调节高度,满足不同泥浆浓度的装载需要。

主机通过推进减速齿轮箱驱动可调螺距螺旋桨,推进减速齿轮箱上还配有轴带发电机,主机的艏部通过泥泵齿轮箱驱动 3 000 千瓦的泥泵,通过精心设计,选择合适的轴发功率和泥泵功率,保证主机"一拖三"复合驱动顺利实施。

设两台轴带发电机,功率 2 600 千瓦(额定电压 AC690 伏),由两台主机的推进减速齿轮箱驱动。辅发电机为卡特 C32A 柴油机,发电机功率 900 千瓦,另设一台应急、停泊发电机组,功率 576 千瓦。

该船泥舱舱容大,航速高,疏浚配置合理,作业效率高,是一艘实用、优质的耙吸挖泥船,具有良好的社会经济效益。

10) 10 000 立方米耙吸挖泥船"沧航浚 1"号、"沧航浚 2"号

2016 年河北沧州黄骅港务工程有限公司委托中国船舶及海洋工程设计研究院设计、中船黄埔文冲船舶有限公司建造的万吨级耙吸挖泥船,于 2018 年 12 月交船。船名"沧航浚 1"号、"沧航浚 2"号(见图 4 - 31、图 4 - 32)是双机复合一拖三驱动、双导管桨、双耙、B 级冰区加强、带高效球艏的流线型耙吸挖泥船。

该船总长 131.7 米,型宽 25.4 米,型深 9.8 米,设计吃水 7.0 米,挖泥吃水 8.45 米,泥舱最大舱容 10 200 立方米,推进柴油机两台 6 120 千瓦,主轴带发电机两台 2 500 千瓦,辅柴油发电机 800 千瓦,应急发电机 400 千瓦,具备无限航区航行能力,续航力 8 000 海里;具备沿海航区挖泥作业能力,作业油水装载量可保证连续作业 20 天,定员 40 人。该船入 CCS 船级社。

该船环保性能以及船员居住环境均较以往的挖泥船有了大幅提升。艏楼前端设置居住甲板室,船员卧室均为单人间。该船的艏尖舱作为纵倾调节舱,能够迅速注、排水,以减少船舶在空载或轻载时的纵倾;泥舱甲板设置一台跨距 25 米、吊重 20 吨的移动式液压甲板吊机,用于设备维修和起吊重物;配置通用

图 4-31　"沧航浚 1"号耙吸挖泥船

图 4-32　作业中的"沧航浚 2"号

型耙头和专用型耙头,以适用不同土质的挖掘需求;该船设置了一套动态数据通信系统,有效提升船岸数据融合的能力,也强化了码头对船舶资源的合理分配和利用。

11) 13 800 立方米耙吸挖泥船"长鲸 9"号

中国船舶及海洋工程设计研究院设计、广州黄埔文冲造船厂建造的 13 800 立方米耙吸挖泥船"长鲸 9"号于 2020 年 1 月 5 日开始试航试验,经过 6 天试验,成功完成挖泥试验。

"长鲸 9"号耙吸挖泥船(见图 4-33)是该院与广州文冲船厂有限公司为长江航道局设计建造的第 7 艘挖泥船,是国内首艘配备双速推进齿轮箱耙吸挖泥船,舱容 13 800 立方米,最大挖深 55 米,排岸距离 4 000 米,主要用于长江下游12.5 米深水航道保畅任务,并可服务于长江口及沿海港口疏浚、维护、吹填作业之用(见图 4-34、图 4-35)。

图 4-33 13 800 立方米耙吸挖泥船"长鲸 9"号

图 4-34　"长鲸 9"号耙吸挖泥船出海试验

图 4-35　"长鲸 9"号耙吸挖泥船作吹填试验

（二）大型、超大型绞吸式挖泥船

1. 发展简述

习近平总书记 2020 年 8 月 24 日在中南海主持召开经济社会领域专家座谈会上指出："我们更要大力提升自主创新能力，尽快突破关键核心技术。这是关系我国发展全局的重大问题，也是形成以国内大循环为主体的关键。"作为疏浚装备的重器，大型绞吸挖泥船系高技术含量的产品。全世界仅有少数国家掌握挖泥船自主设计建造的核心技术。所以只有实现高端挖泥船的自主设计建造,才能不受制于人。

2000年后我国研制绞吸挖泥船进入一个新阶段,这一时期设计的新一代大型自航绞吸挖泥船不断出现,体现了"以科技创新催生新发展动能"。

2009年上海交通大学船舶与海洋工程设计研究所(以下简称"上海交大船研所")设计了大型绞吸挖泥船"天鲸号",2018年中国船舶及海洋工程设计研究院设计了拥有完全自主知识产权的首艘大型自航绞吸挖泥船"天鲲号"(见图4-36)2021年该院又与黄埔文冲船厂联合,立足用户需求设计建造了智能绞刀、功率强大的超大型自航绞吸挖泥船"昊海龙"号,使我国在大型疏浚装备国产化自主创新的道路上向大型化、多功能化、高智能化方向迈出了坚实的步伐。这些大型疏浚装备为我国疏浚行业增添了新的"国之利器",具有重要的意义。

图4-36 绞吸挖泥船"新海豚"号、"天鲲号"

我国绞吸挖泥船在2000年以后这20年的自主创新快速发展,经历了在研发数量众多的中、小型绞吸挖泥船过程中的技术积累和其后逐渐向大型绞吸挖泥船的发展。在装机总功率、绞刀功率的大幅度提升,绞刀、水下泵采用变频电力驱动等新技术突破和其后在研发超大型自航绞吸挖泥船时，全面技术创新的这一渐进过程。

20年变化可谓惊人，以2001年出口伊拉克的1 500立方米/时和2018年的"天鲲"号进行比较，前者装机总功率不足1 000千瓦，绞刀功率480千瓦，后者装机总功率达25 843千瓦，绞刀功率6 600千瓦。实现了大型绞吸挖泥船的系列化设计建造，以"天鲲"号为例，主要技术创新有以下几方面：

（1）开发超大型自航绞吸挖泥船技术。构建了超大型自航绞吸挖泥船总体、结构、重型桥架、大功率绞刀、多泵输送、柔性钢桩、全电力驱动等技术开发体系，解决了船型开发和总布置设计技术。解决了由于船体开口、重型装备多、载荷大、作业强度高等带来的结构强度、疲劳和振动等设计难题。研发设计了艏桩、艉桥架、双耳轴、双定位系统、全电力驱动的超大型自航绞吸挖泥船；具有带艏侧推装置的球鼻艏、双艉鳍、转动导管（见图4-37）的自航绞吸挖泥船新船型。解决了绞吸挖泥船开口多导致的适航性和操纵性差以及布置空间不足等难题。在上层建筑气动减振技术上：针对超大型绞吸挖泥船挖掘岩石时产生强烈振动的问题，通过对激励源、船体固有自振频率及减振系统的深入研究，攻克了减振系统设计、局部结构加强、生活楼锁紧、管系弹性连接等技术难题，开发了上层建筑气动减振技术（见图4-38），有效阻隔了挖掘强烈振动向上层建筑的传递，改善了船员工作和生活条件。

图4-37　开发带首侧推的球鼻艏、双艉鳍

图 4-38　上层建筑气动减振技术装置

（2）开发重型挖掘系统设计技术。建立了岩石切削载荷和重型桥架外载荷分析技术，桥架结构设计和强度、振动分析技术，开发了 2×3 300 千瓦双电机长轴系绞刀驱动系统，研制了 1 650 吨重型桥架，实现了"挖硬岩"的目标；上、下耳轴切换技术开发：通过对耳轴局部强度、整体抗变形能力、中间倾倒耳轴设计、液压插销设计、快速切换方法等技术进行研究，开发了重型桥架上、下双耳轴快速切换技术，满足了最大、最浅挖深的要求，增强了绞吸挖泥船对工程的适应能力；桥架波浪补偿技术开发：通过对船体运动、桥架波浪补偿机理等关键技术分析和研究，开发了桥架双油缸波浪补偿技术，提高了绞吸挖泥船在恶劣海况下作业的适应性、可作业性和安全性。

（3）柔性钢桩台车和内置式三缆双定位系统设计技术（见图 4-39、图 4-40）。柔性钢桩台车主要针对绞吸挖泥船在恶劣环境施工时钢桩定位能力弱的问题，开展了绞吸挖泥船多点约束下的运动、载荷计算模型和柔性缓冲的机理研究，提出了柔性缓冲的设计原理、试验方法，开发了四油缸、柔性缓冲、滑块式重型钢桩台车，使得适应船舶抗纵摇的能力由 1 度增加到 4 度，增强了绞吸挖泥船恶劣海况下的适应性、可作业性和安全性；内置三缆定位系统开发：针对舷外波浪拍击严重、甲板布置空间紧张、设备检修困难等难题，开发了内置三缆定位系统，保证了高海况和复杂地质下船舶的可作业性、安全性，实现了高海况和复杂地质条件下"定得住"的作业要求。

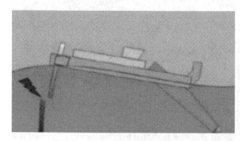

图 4-39 常规钢桩与柔性钢桩系统比较

图 4-40 柔性钢桩台车和内置三缆双定位系统设计

（4）多泵多组合泥砂输送设计技术（见图 4-41）。针对不同土质、不同排远、多泵多组合泥砂高效输送技术，建立了泥泵、管径、土质、浓度和多泵泥砂输送的水力模型，形成了多泵组合管路系统的设计方法，开发了泥砂输送水力计算分析软件和泥泵自动控制平台，实现了各种作业工况下高效输送泥浆的能力。

（5）全电力驱动、功率管理设计技术。针对柴油机驱动合排时负荷冲击大、工况适应性差、设备利用率低等问题，建立了各种工况下设备运行负荷计算分析模型，开发了疏浚设备冗余配电系统，研发了基于效率优先的绞吸挖泥船功率管理系统，形成了全电力驱动中压电网设计技术，实现疏浚设备功率自动管理和控制。

图 4-41　多泵多组合泥泵泥砂输送设计

（6）开发自动挖泥系统（见图 4-42）。针对节能环保、精确与智能疏浚控制技术，在自主疏浚分析、能效管理、疏浚三维土质建模与显示等新技术方面开展研发，开发了横移、绞刀转速、桥架升降和钢桩台车自动控制程序，研发了基于模型的预测控制器，形成精准与智能挖泥控制技术，实现了疏浚作业单个过程的无人操控。

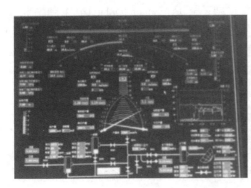

图 4-42　开发自动挖泥控制系统

这些创新给绞吸挖泥船带来了多项技术成果：使用了大型定位桩台车和浅水倒桩系统，提高了施工精度和工作效率；使用三泵串联作业，实现了长排距；使用大功率水下泵，提高了挖泥浓度，实现了高效挖泥；使用大功率绞刀系统，增强了绞吸挖泥船对不同土质作业的适应性；使用抛锚杆和绞刀维修系统，提高了绞吸挖泥船自治度；采用柔性钢桩和三缆定位系统，提高了绞吸挖泥船对海况的适应能力；采用变频驱动，提高了对作业工况的适应能力；自航式绞吸挖泥船，提高了船舶的自主性和灵活性。

2. 研发的典型产品

1）3 500 立方米/时绞吸挖泥船"新海鳄"号

上海航道局面对着繁重的沿海水域航道疏浚、吹填工程等航道、航务及水利工程施工任务，以及预测到疏浚市场还将继续增量，仅利用原有的中、小型挖泥船已难满足要求，急需大型挖泥船，而继续从国外购买，一则价格太高，二则非长久之计，不符合国情，于是在 2005 年委托中国船舶及海洋工程设计研究院设计 3 500 立方米/时绞吸式挖泥船。

该船在此型船中属大型，此前国内从未设计过，国内曾从国外进口过同类船，技术指标、作业功能无疑均较先进，有此比较，研发的压力必然相当大。面对用户的需要和自身科技实力的考验，该院研发团队坦然面对，以加倍的努力迎接挑战，奋力拼搏，仅用不到一年的时间完成设计。南通港闸船舶有限公司于 2006 年 1 月开工，只用 10 个月的时间顺利建成交船。船名为"新海鳄"号。

该船总长约 97.8 米，垂线间长 77.7 米，型宽 17.2 米，型深 5.0 米，满载吃水约 3.5 米，最佳挖深约 18 米，最大挖深约 25 米，最浅挖深约 6.5 米，定员 30 人。

该船为非自航、整体式、单甲板、钢质方驳型绞吸挖泥船。泥泵系统采用水下泵连接两台甲板泵的工作方式，通过对管路闸门的控制可实现双泵、三泵串联互换使用，艉部设置单桩定位装置。艏部船体开槽，设置绞刀架。该船艉部设有拖航装置，采用艉拖方式调遣。

生产能力：在排距 6 000 米，挖深 18 米，挖掘细粉砂 $D_{50}=0.1$（D_{50} 为细粉砂的颗粒度），密度 1.9 吨/立方米时，疏浚能力约 3 500 立方米/时。

该船可装载燃油约 1 000 立方米，淡水约 200 立方米，能满足 30 天连续作业的需要。

稳性按中国海事局《船舶与海上设施法定检验规则》《国内航行海船法定检验技术规则（2004）》对绞吸挖泥船的要求进行校核。作业工况按沿海航区的要求计算；调遣拖航按近海航区的要求进行校核。经计算该船稳性满足规范要求。在 100％油水、绞刀架放下时，船舶浮态基本接近平浮。

该船是当时国内最大的绞吸挖泥船，定位桩直径为 1 600 毫米。为适应浅水倒桩，采用了液压动力倒桩装置，在国内是首次设计制造，由于挖深大，生产量高，定位桩倒桩装置受力复杂，所以结构受力计算、浮态平衡设计等难度大。一是左右重量不对称，对船产生不利的横倾力矩。因船尾设置的主、副钢桩定位装置，副桩及其装置重达 200 多吨偏向一舷设置，形成较大的横倾力矩；桩升起和插下时对船的作用力又各不相同，产生横倾力矩也不同；设于一舷的排泥管，内部有泥和无泥时重量不同，产生的横倾力矩也不同。二是作业时重心位置的变动幅度大，影响因素复杂。如绞刀架提起和放下时绞刀架重心相对船的位置产生变化，引起船的重心位置变化，且变化范围很大，另外绞刀架放置水下时还受到水的浮力作用，使船浮态发生变化。该船设计时对于各种不同装载情况下的纵、横倾控制以及达到浮态平衡是通过油舱的不对称装载和压载水的调整来实现的。这种方法的优点是对不同的工况适应性好，对设计初期重量重心估计的偏差有比较灵活的补偿作用，其缺点是船舶须有较大的排水量裕度，船员操作管理工作量大。在静态设备布置设计时尽可能消除了不平衡力矩，而对于动态的重心变化则采用少量压载水的调整来进行平衡。在保证技术性能要求的基础上，兼顾了船舶建造、使用、维修费用和维护的经济性。

主尺度的选择是决定船舶技术和经济性能的极为关键的要素。绞吸挖泥船的主尺度受其技术性能、上层建筑布置、结构形式、设备等诸多因素的影响，绞吸挖泥船由于其独特的技术形态决定了其独具一格的船型，即船体沿中心线艏、艉大开槽,开槽后水线面面积损失近 20%,因而绞吸挖泥船的主尺度取决于排水量的要求,它又具有排水量型船的特点。由于上述水线面积减小了,加大了长度或宽度或吃水深度。

从布置考虑,定位台车行程 6 米和台车本身的长度确定了船尾开槽的长度取 14.6 米;挖深决定了绞刀架的长度,因而也确定了船首开槽的长度取 30.1 米;艏、艉开槽长度既定,则中间部分满足机舱和居住舱室布置的要求,船的垂线间长不应小于 76 米,考虑泥泵等,设备的重量、排水量要适当增加,取垂线间长为 77.7 米。

船宽的确定主要满足布置和稳性的要求,并与船长配合适应排水量的需要,取 17.2 米。

吃水的确定主要取决于排水量,初定取 3.5 米,详细设计时从空船重量情况考虑,将吃水增加至 3.67 米。

型深的选定以机舱高度空间的需要和最小干舷的要求为主,型深对空船重心高度的影响较大,经慎重考虑,该船型深按满足干舷要求取 5.0 米。

绞吸挖泥船的总布置与疏浚作业的流程密切相关,也是设计成败的关键。纵观国内外大型绞吸挖泥船,其主要布置特点不外乎两种形式:甲板泥泵和舱内泥泵,设计时分析了这两种布置的利弊。

甲板泥泵布置形式,顾名思义即泥泵设于主甲板上,相应的泵、机舱及附属设施均设于主甲板上。这种布置的主要优点是泥泵安装在甲板室外,便于泥泵的保养和易损易磨件的更换;吸、排泥管线的流程,从刀头吸口、水下泵、甲板泵、排泥管至尾部排出,自下而上走向,没有上下迂回,管路损失小;泵、机舱设于主甲板以上,布置空间宽敞,对于机舱的通风、采光等都较有利。但其缺点是甲板承受载荷强,结构设计难度大,处理不当极易产生振动问题。

舱内泥泵布置形式,泥泵和柴油机等均设于舱内,符合大多数船舶的布置习惯,船体结构按常规设计容易满足要求。其缺点是柴油机、泥泵等都设于舱内,船体尺度大于前者;吸、排管线上下曲折,管路损失大;维修保养空间狭窄。

经过综合比较并结合中交上海航道局有限公司提出的要求,该船设计采用甲板泥泵布置方案。从实船使用情况来看,这种布置的优越性得到了充分发挥,而其技术难点如防振、避振、降噪等,通过各专业的精心设计都获得了圆满解决。

疏浚机具关系到挖泥效率,该船采取以下措施提高挖泥效率。

(1) 通过开发大功率绞刀传动系统。该船绞刀功率为 1 280 千瓦,是国内第一次开发设计大功率的绞刀传动系统。绞刀传动系统安装在绞刀架的前端,采用单个大功率液压马达驱动。主要由液压马达、绞刀、中间传动轴组成。驱动方式为液压马达通过连接短轴和齿形联轴节直接驱动绞刀轴使绞刀作旋转切削运动。传动系统采用滚动轴承和浮动机械密封装置,防止泥砂进入。该绞刀可实现有级和无级相结合调速。绞刀上的刀齿可以调换不同形式,以适应挖掘不同土质的要求。设计采用单个大功率液压马达和鼓形齿式联轴器改善径向跳动以及短轴止动销克服轴向窜动,省去了单独的减速齿轮箱,使结构更紧凑,液压管路更简单。

(2) 改进吸排管系统。采用水下泵与两台甲板泥泵,可三台泵串联输送泥浆。按传统方式多泵串联作业系由人工拆装吸泥管,现通过对管线进行改进设计,采用液压闸阀改变吸泥管路,适应双泵或三泵串联吸泥,有效地控制了双泵、三泵串联的自动互换,缩短了挖泥作业的准备时间,提高了生产效率。

(3) 设计大型水下滑轮组。该船绞刀架起升和横移采用的滑轮组均为大型水下滑轮组。因为水下施工环境比较恶劣,采用浮动机械密封装置,解决了水下滑轮组的防泥砂水下密封问题,延长了设备的使用寿命,并且采用电动高压油脂泵注油系统,减轻了设备维护的劳动强度。

(4) 大型定位桩装置实现浅水液压倒桩。这是该船设计的攻关重点和关键所在。过往,如此大型的定位桩装置和液压倒桩机构国内从未设计过。以前同类型船采用的是液压绞车和钢索进行倒桩,该倒桩方式虽安全简单,但操作麻烦,准备时间长,更重要的是不能在浅水倒桩。为解决上述问题,设计液压倒桩这套机构,通过油缸进行倒桩,操作简便,准备时间大大缩短,并可实现浅水倒桩(最浅 6 米水深)。

　　"新海鳄"号绞吸挖泥船是中国独立自主首次研发建造的大型绞吸挖泥船,它的成功研制说明我国对大型绞吸挖泥船的研发能力上升到一个新的高度,打破我国当时大多数挖泥船先进技术由国外高价进口的局面,提升了我国在世界疏浚界的地位,标志着我国大型绞吸挖泥船的研发技术取得了重大突破以及不再被西方发达国家垄断的局面。

　　2011 年 6 月 10 日,中国船舶工业集团公司在上海主持召开 3 500 立方米/时绞吸挖泥船"新海鳄"号成果鉴定会,其鉴定意见如下:

　　该船是当时国内自主开发的最大的大型绞吸挖泥船,具有"先进高效实用"的特点;总体技术性能处于国内领先,达到国际先进水平。

　　"新海鳄"号(见图 4 - 43)交船后,先后参与了上海金山石化陆域形成工程、连云港工程施工、曹妃甸和天津滨海开发区工程施工等,投产以来月平均施工挖泥效率高达 110 万立方米,曾被美誉为"神州第一绞",为中交上海航道局有限公司创造了良好的经济效益和社会效益。

图 4 - 43　"新海鳄"号大型绞吸挖泥船

2）3 500 立方米/时绞吸挖泥船"长狮 1"号

武汉长江航道局为满足疏浚长江及沿海水域航道、航务、吹填和水利工程，急需作业能力大的大型挖泥船。得知中国船舶及海洋工程设计研究院研发、南通港闸船舶制造有限公司建造成功 3 500 立方米/时绞吸式挖泥船，立即委托两单位研究建造同型船，并提出若干新的要求。

该院与船厂密切配合，在方案设计通过的基础上，双方合作承担详细设计，用一年半的时间设计施工，于 2008 年 2 月经各项试验圆满成功，证实全部满足技术任务书要求后，2 月 28 日正式交付长江航道工程局使用。船名为"长狮 1"号。

该船总长约 103.0 米，垂线间长 84.0 米，型宽 19.0 米，型深 5.2 米，设计吃水 3.6 米，结构吃水 3.8 米，最大挖深 27 米，最佳挖深 18 米，最小挖深 6.5 米，在排距 5 000 米，挖深 18 米，挖掘细粉砂 D50＝0.23 或直径 1.9 吨/立方米时，疏浚能力约 3 500 立方米/时。

舱内泥泵柴油机两台 1 000 转/分、3 700 千瓦，水下泵发电机组一台 1 000 转/分、2 460 千瓦，液压油泵柴油机一台 1 000 转/分、2 460 千瓦，发电机组一台 1 500 转/分、965 千瓦，停泊发电机组一台 1 500 转/分、300 千瓦。

该船船型为非自航、整体式、单甲板、钢质方驳型。泥泵系统采用水下泵连接两台甲板泥泵的工作方式，通过对管路闸门的控制可实现双泵、三泵串联互换使用。艉部设置单桩定位装置。适用于挖掘粉细砂、黏土、中度硬质土。最大挖深约为 27 米，最浅挖深约为 6.5 米，最佳挖深约为 18 米。

关键技术及解决措施如下：

在总体设计上，大型绞吸挖泥船的主尺度选择由其技术性能、上层建筑布置、结构形式、设备配置等因素所决定；船的长度，从布置考虑，定位台车行程 6 米和台车本身的长度确定了船尾开槽的长度取 14.7 米；挖深决定了绞刀架的长度，也确定了船首开槽长度为 30.1 米；艏、艉开槽长度既定，则中间部分需要满足机舱和居住舱室的布置要求，并考虑满载油水时排水量的需要，最终取垂线间船长为 84 米；船宽主要满足布置和稳性的要求，并与船长配合适应排水量的需要确定为 19 米。吃水为 3.6 米，结构吃水为 3.78 米。型深满足干舷要求而取 5.2 米。

该绞吸挖船的总体布置采用甲板泥泵布置形式，泥泵设于主甲板之上，相应的泵机舱及附属设施均设于主甲板上。这种布置的主要优点是泥泵安装在甲板室前室外，便于泥泵的保养和易损易磨件的更换；吸、排泥管线的流程，从绞刀头吸口、水下泵、甲板泵、排泥管至艉部排出，自下而上走向，没有上下迂回，管路损失小；泵舱设于主甲板以上，布置空间宽敞，对于机舱的通风、采光等都较有利。并经各专业精心设计取得了防振、降噪的效果。

控制浮态平衡是设计绞吸挖泥船关键技术之一。对于重量左右不对称问题，设计时将柴油机、泥泵等大型设备尽可能向副定位桩相反的一舷布置，用以抵消副桩产生的横倾力矩。

综合考虑各种设备的纵向布置，使得该船在初始状态下（作业前）能保证良好的浮态。而在作业过程中，可通过设置船舶艏、艉两端的压载水舱注入少量压载水来调整浮态平衡。

该船总装机功率为 14 000 千瓦，达到大型绞吸挖泥船的规模，最大挖深达到 27 米，因此这给结构设计带来很大的困难，要解决机械设备的安装带来的船体受力问题，柴油发电机组基座设置所带来的船体刚度与强度问题，以及由于甲板布置了机舱间，结构振动给船员工作与生活带来影响。在设计上用加强定位桩处船体的强度与刚度，使机械设备处于安全工作状态；上层建筑设置防振器，有效地解决了工作人员的工作与生活环境的问题。

该船为非自航绞吸挖泥船，故需设置专用的拖曳设备用作调遣。拖曳设备按照 1999 年《海上拖航法定检验技术规则》的要求设计。

除大功率绞刀传动系统的开发改进外，还采用了大型定位桩装置实现浅水液压倒桩。该机构的关键技术，一是通过一对油缸驱动的夹紧装置来实现重达 73 吨的定位桩的固定；二是设有 6 只在上、下导轨间移动的滚轮和 4 只起限位导向作用水平滚轮来实现台车的稳定行走；三是台车轨道采用高强度耐磨钢板，延长使用寿命，并设计成可拆式，方便单独调换或修补；四是设置定位桩倒桩托架，由两只油缸推拉托架机构来实现钢桩倾倒。并在油缸支撑座上安装转动绞点，吸收钢桩水平方向摆动力，保护油缸受力；五是采用液压浅水倒桩，操作简便，大大提高了倒桩效率。

该船轮机设计配置共设有 3 台泥泵，两台舱内泥泵由柴油机通过离合器、齿轮箱及传动短轴驱动；水下泵采用电轴系一对一供电原则驱动，用柴油机作为原动机；动力装置设有 1 台柴油机，通过动力分配箱驱动多台液压泵组成一组液压动力站，用作驱动绞刀及甲板机械等设备的动力；还设有 1 台主柴油发电机组和 1 台停泊柴油发电机组。在挖泥工况下主柴油发电机组向甲板机械、动力装置的各辅助设备、生活设备、保船设备、防污染设施等供电。在船舶靠港与海上维护工况下停泊时，柴油发电机组用作保船及生活设备的动力。

该船的主要特点：一是泥泵的传动方式，采用两台舱内泵布置在上甲板，选用 CAT3612 柴油机作为舱内泥泵的原动机，通过高弹性超扭矩保护的离合器、齿轮箱、空心的传动短轴驱动舱内泵。齿轮箱选择垂直异心输入输出。选用 CAT3608 柴油机作为水下泵电轴系统的原动机，该柴油机降速强励磁启动水下泵发电机，水下泵发电机为水下泵电动机提供电力，然后柴油机逐渐升速，桥架电动机的转速也随之升高。使电网频率与电压之比始终控制为常数，从而改变柴油机转速达到电机变频调速的效果，该驱动形式系为国外先进挖泥船普遍采用的水下泵控制方法；二是海水泵与海底门的设置，除停泊发电机组柴油机为机带海水泵外，其他柴油机均配备独立的电动海水泵，另设 1 台海水泵作为备用，为发电机组柴油机增设 1 台备用海水泵，其目的是便于控制与维护保养。海底门采用可以吊装并在甲板上进行检修的滤筒式，为检修维护海底门提供了便利；三是柴油机的控制与机舱监测报警的设置，按照我国《钢质海船入级与建造规范》CSM BRC＋MCC 的要求实施对柴油机等设备的控制与设备及系统的监测报警来进行协调。

"长狮1"号投入营运后立即成为疏浚作业主力,取得明显效益,为国家节约了外汇,为航道疏浚工程做出了贡献。

3) "新海豚"号绞吸挖泥船

日出南海,银波霞光;海豚逐浪,宏图飞扬;绞石喷砂,其道畅长。这是对"新海豚"号最美的写照(见图4-44)。

图4-44 "新海豚"号挖泥船

"新海豚"号绞吸挖泥船是中国船舶及海洋工程设计研究院为上海航道局研发设计的大型电驱动绞吸挖泥船。总长104.40米,垂线间长85.40米,型宽19.60米,型深5.20米,水下泥泵1 760千瓦,绞刀2 200千瓦,最大挖深27米,最浅挖深6米,产量3 500立方米/时,2010年交船。

对确定主尺度的关键技术上,设计团队认为绞吸挖泥船的主尺度受技术性能、上层建筑布置、结构形式、设备配置等诸多因素的影响。因为大型绞吸挖泥船需设置大量的重型作业机械、设备而占据了船上大部分空间,如吸排疏浚设备、移船设备、定位设备等。"新海豚"号作为工程作业船,既具有布置的特点,又具有工程船对载重量的要求。另外,该船要求施工的水域较广,需要考虑相对恶劣的海况如江河岛礁等,这也对船舶的耐波性提出了更高的要求。因此,在确定该类型船的主尺度时,设计团队进行了综合考虑。克服了众多难题,通过对同类船舶的主尺度研究分析,并结合该船特点,最后确定的主尺度是比较符合技术和实际要求的。

船长确定后,再考虑布置,台车行程 6 米和台车本身的长度确定了船尾开槽的长度取 14.7 米,挖深决定了绞刀架的长度,因而船首开槽的长度也基本确定,取 30.1 米,艏、艉开槽长度既定,则中间部分需要满足机舱和居住舱室的布置要求,并考虑满载油水时排水量的需要,最终取船的垂线间长为 85.4 米。型宽的确定主要满足布置和稳性的要求,并与船长配合适应排水量的需要,取 19.6 米。吃水的确定主要取决于排水量,因此该船结构吃水定位为 3.75 米。型深的选定以机舱高度空间的需要和最小干舷的要求为主,型深对空船重心高度的影响较大,经设计团队慎重考虑,该船型深取 5.2 米。

该船采用舱内泵布置形式,即泥泵和柴油机等均设于舱内,符合大多数船舶的布置习惯,且泥泵安装位置低,吸入效率较高。其缺点是柴油机、泥泵等都设于舱内,使船体尺度较大;机舱区域甲板面需要大开口,对总纵强度不利;吸、排管线上下曲折,管路损失较大;维修保养空间狭窄。

从实船使用情况来看,这种布置的优越性得到了充分发挥,而其技术难点如减振降噪等,通过各专业的精心设计都获得圆满解决。

由于该船主甲板上的甲板机舱内设有两台 3 700 千瓦的泥泵柴油机,转速达到 1 000 转/分;B 甲板前端设有一台拉力为 900 千牛绞刀架起升的液压绞车,工作时产生的船体振动很大,如不做好减振的设计将会影响居住舱室内船员和操纵室内工作人员的休息及工作环境。针对这一问题,在结构设计中从两方面着手解决由于多台柴油机及机械设备工作时产生的振动问题。首先从结构强度与刚度方面着手,增加支柱与板架,并对甲板机舱的舱壁扶强材进行了必要的加强,降低振动频率与防止共振的产生。另外在居住舱室最底部平台和驾驶室平台下方布置隔振器来吸收振动能量,将振动产生的不利影响降到最低。从后来该船实际使用来看,减振效果比较理想,为该船工作人员打造了既安全又舒适的工作与生活环境。

在结构设计的各个阶段,设计团队不断在不同的专业之间进行技术交流并结合船舶所有人、船级社的意见,对各种机械设备与船体结构的有效连接以及拖曳装置、带缆桩、起重机等处的结构设计进行了有针对性的优化。在方案设计阶段,进行了初步的强度估算,详细设计阶段中又对各处需要特别关注的局部结构强度进行了必要的有限元计算校核,使得各类装置在船体结构处的强度与刚度都得到了有效保证。

该船还自主开发设计了电力驱动及变频技术,开发了大功率绞刀传动系统等。

作为一艘新型电动控制的大型驱动绞吸挖泥船,该船设置了疏浚电网,由两台 2 600 千瓦的疏浚柴油发电机组和疏浚配电板、疏浚设备电机以及疏浚设备变频调速控制系统组成,这样可以为绞刀、水下泵及液压系统等主要疏浚设备统一提供电力。通过功率管理系统(PMS)的职能调配,使全船功率在多种不同工况下得到更合理的调配,提高了动力的利用效率。与以前几型装机功率相当但绞刀功率均不超过 1 300 千瓦的绞吸挖泥船相比,该船在设计上由于采用了先进的电力驱动模式,全船功率得到了更合理的分配,绞刀功率最大可达 2 200 千瓦,可适用于包括风化岩在内多种土质的开挖,足可以绞石粉砂。

"新海豚"号是新一代大型电力驱动绞吸挖泥船,采用了自主研发设计的先进变频电力驱动技术和大功率绞刀传动系统,具备了国际上同类型挖泥船的先进水平,各项技术指标与进口船相当。

海豚逐浪历沧桑,方显蛟龙本色。"新海豚"号正以其特有的功能游弋海上,吹填造陆在祖国的海疆。

4) 2 000 立方米/时自航绞吸挖泥船"长狮 9"号

继"长狮 1"号后,2012 年 12 月 18 日,由上海交大船研所设计、武昌造船厂建造的拥有自主知识产权的自航式绞吸挖泥船"长狮 9"号(见图 4 - 45)正式交付长江航道局,专用于三峡库尾航道清淤,可以挖淤泥、黏土、砂土和砾石等。

图 4-45 "长狮 9"号

该船船长 91 米,宽 22.4 米,深 5.3 米,每小时可挖掘泥砂 2 000 立方米,最大挖深为 22.5 米。在长江上该船总装机功率最大,作业效率最高。在泥浆度为 20% 时,其疏浚泥砂的效率为 2 000 立方米/时,以持续作业 13 天,续航力6 500 千米。由于造船成本的原因,传统的绞吸挖泥船自身都不带动力,一般由拖船拖带。但在内河对船舶的机动性要求很高,自航式挖泥船也就更受欢迎。该船巧妙地借用疏浚设备的动力系统来驱动推进系统,只需花费不算高的成本,便可实现挖泥作业、航行两不误。

5) 6 500 立方米/时非自航绞吸挖泥船"新海旭"号

"新海旭"号(见图 4-46)是由上海交大船研所为主、中交疏浚国家工程研究中心参与研制、江苏海宏建设工程有限公司投资、江苏海新船务重工建造的非自航巨型挖泥船,作业能力 6 500 立方米/时,可在 1 小时内将一个标准足球场填高 3 米,一天可以填高 72 米。"新海旭"号的研制成功,是绞吸疏浚装备自主研发制造的又一座新的里程碑,也标志着我国海上大型绞吸疏浚装备总体达到国际领先水平。

经过对比,"新海旭"号的总装机功率、绞刀功率和疏浚泵总功率等均超过

图 4-46 "新海旭"号屹立在大海中

国内、外同类挖泥船,成为当时世界上最大的非自航重型绞吸挖泥船。

该船船长 138 米,型宽 28 米,型深 8 米,最大挖深 36 米,总装机功率 26 100 千瓦,挖泥效率 6 500 立方米/时,配备有重型绞刀、三台疏浚泵、重型钢桩台车与三缆定位系统、抛锚杆、装驳系统和集成疏浚监控系统,也是当时世界上疏浚能力最强,可挖掘黏土、密实砂土、砾石、强风化岩和弱风化岩的非自航绞吸疏浚装备。

2019 年 4 月 2 日,"新海旭"号从江苏海门起航,远赴沙特阿拉伯重要的港口朱拜勒,协助当地建设两个人工岛,并开展航道疏浚作业,"新海旭"号后续任务主要是在中东地区进行疏浚作业,主要服务于"一带一路"沿线国家。

6) 自航式绞吸挖泥船"天鲸"号

由中交天津航道局有限公司投资,上海交大船研所、国外 VOSTA LMG 公司联合进行设计,招商局重工(深圳)有限公司建造的大型"天鲸"号自航绞吸式挖泥船(见图 4-47),装机总功率、疏浚能力居当时亚洲第一、世界第三。

图 4-47 "天鲸"号大型自航绞吸挖泥船

该船总长 127.5 米,型宽 22 米,型深 8.3 米,吃水 6 米,设计航速 12 节,总装机功率为 19 200 千瓦,最大挖深 30 米,最大排泥距离 6 000 米,挖掘效率为 4 500 立方米/时。技术性能指标及绞刀挖泥能力排亚洲第一,是当时世界上最大的三艘自航绞吸挖泥船之一,技术先进性和结构复杂程度在世界同类船舶中位居前列。

"天鲸"号装备了当前国际上最先进的挖泥设备及挖泥自动控制系统,其绞刀功率高达 4 200 千瓦,适用于各种海况的大型疏浚工程,不仅可以疏浚黏土、密实砂碎石,还可以开挖耐压为 40 兆帕的岩石,如花岗岩。其建造成功将改变人们清除海底岩石的方式,可大大减少海底爆破工程的数量,增大工程安全系数,也可减少对海洋的污染。

"天鲸"号能在八级风浪条件下作业,并且能够在坚硬土质上定桩,定位精确可靠,可在狭窄水域施工。其电气设备与自动控制系统均具备目前世界先进水平,具有驱动功率大、启动平滑、控制精确等特点,并且实现了自动挖泥与监控。装配三台高效泥泵,具有强大的吹填造陆能力,并具有装驳功能,可以将挖上来的泥砂石块通过驳船,运到其他地方,极大地拓展了疏浚范围,具备无限航区的航行能力,灵活机动,调遣方便,适应能力强,堪称我国绞吸挖泥船队的旗舰。

"天鲸"号总装机功率、疏浚能力超强,它在作业时,前方巨大的绞刀头不断旋转,无论是普通的泥砂,还是海底的暗礁,在其强悍的绞刀面前瞬间就会被击得粉碎。击碎的砂石在船体后方源源不断排出,如果连接管道泵,还能将砂石传送到最远 6 000 米以外的地方。

"天鲸"号拥有无限航区的自航能力,可以在全球海洋中安全航行,将多项功能集于一身。该挖泥船为能有效高质量地完成疏浚任务,招商局重工与船舶所有人、船级社积极配合,精心组织和策划,大胆创新,解决了建造过程中的各项技术难题,整个建造施工及设备安装达到世界水平。

2010 年元旦前夕航行试验,"天鲸"号自航绞吸式挖泥船从深圳孖洲岛码头出发,进行第一次试航,试航中开展了船舶各种性能和设备的试验,包括主机负荷、航速、艏侧推装置、抛锚、海上救生、操舵以及通信导航等,各项技术指标均达到或超过设计标书要求,工作性能也完全满足使用要求。

"天鲸"号大型自航绞吸式挖泥船是一艘非常复杂的高新技术、高附加值的工程船舶。该船为全焊接钢质、双桨、双舵,船体采用适合自航的型线,绞刀桥架安装在船首,钢桩台车安装在船尾,船中配有装驳系统。在挖泥作业的"天鲸"号如图 4-48 所示。

"天鲸"号从船首到船尾,从主船体内到上甲板,乃至艏楼、艉楼的甲板上都布满了大量专用设备,复杂的挖泥专用设备使得该船总布置、线型和结构设计比普通运输船舶复杂得多,其成功建造填补了国内对该型船设计建造的空白。

2010 年 1 月 19 日,"天鲸"号交付后即开赴作业地点,可全天 24 小时不停歇地作业,挖泥作业效率很高。每小时可以吹出 4 500 立方米的砂石。2013 年,"天鲸"号在某海域作业 200 天,吹送出 1 000 万立方米的砂石(见图 4-49)。

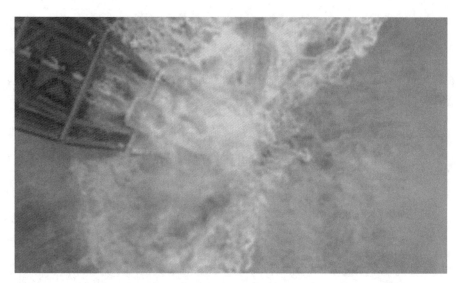

图4-48　在挖泥作业的"天鲸"号

图4-49　南海某岛礁经挖泥吹填情况

"天鲸"号曾在南海吹填作业，为我国的经济建设和巩固海防建设，（见图4-34）做出了巨大的贡献。2020年荣获国家科学技术进步奖特等奖（《海上大型绞吸疏浚装备的自主研发与产业化》项目）。她的研制成功表明中国已具有独立开发大型挖泥船的高新技术能力。

7）重型自航式绞吸挖泥船"天鲲"号

在我国大型、超大型且具有自航能力的绞吸挖泥船在疏浚工程作业中显示出显著的经济效益和重要贡献的背景下，中交天津航道局于2014年委托中国船舶及海洋工程设计研究院设计6 000立方米/时自航绞吸挖泥船。设定的装机总功率、绞刀功率、排距、挖深等指标均已属世界前列。

2019年3月12日，"天鲲"号从江苏连云港开启首航之旅，标志着完全由我国自主研发、建造的疏浚重器"天鲲"号正式交付使用（见图4-50）。同时也标志中国疏浚装备研发建造能力进一步升级，已处于世界先进水平。

图4-50 建造中的"天鲲"号

该船设计的难点，一是定位难，海况变幻莫测，定位系统稍有不稳或失灵都有可能导致沉船事故；二是绞切难，海底不仅有泥砂，还有珊瑚礁、岩石等坚硬物质。要实现填海造陆就必须解决这两大难题。

首先是解决定位难的问题。"天鲲"号配备的钢柱台车定位和三缆定位的双定位系统，使其拥有了全球最强的适应恶劣海况的能力。两根重达近 200 吨的钢柱，能牢牢扎入海底的岩石中进行定位，可以适应 3 米高的海浪。当恶劣天气来临，海上的风浪的很高往往会达到 3 米以上，为了避免钢柱台车拦腰折断，三缆定位系统这时可以发挥其优势。从"天鲲"号船首固定点，抛出三根锚索固定到海底，锚索起到定位桩的作用，并可以通过控制三根锚索的受力移动船位，三缆定位系统的海况适应性更高，能使"天鲲号"在深水区等钢柱无法立足的地方"站稳脚跟"，甚至可以适应 4 米高的海浪。

其次是解决绞切难的问题。绞刀是"天鲲"号的一个利器，"天鲲"号配备了通用型、挖砂型、挖岩型以及挖硬岩型 4 种绞刀，能够胜任不同地质条件下的挖掘工作。绞刀头是"天鲲"号的"铁齿钢牙"，直径有 3.00 米多，头上布满了尖硬的"钢牙齿"，无论是泥砂还是岩石，对于"天鲲"号来说都不在话下。绞刀在 6 600 千瓦电机的驱动下，回转的绞刀头产生的咬力可以将 2 厘米厚的钢板绞破（见图 4 - 51～图 4 - 53），可挖掘抗压强度 50 兆帕的岩石，50 兆帕压力简单说相当于一个指甲盖上站了 10 个体重 50 千克的人，可见绞刀威力之巨大。刀齿采用特殊的耐磨钢材料制成，强度是普通钢的两倍。无论是绞刀头特种钢的研制，还是绞刀齿切削角度的设计，都体现着一个国家的机械水平和制造能力，21 世纪初，这种大型疏浚装备我国还必须依赖进口，现在我们不仅能够自主设计制造，而且已经达到国际一流水平。

2015 年该院完成该船的设计，上海振华重工集团启东公司于 2016 年初开工建造。

"天鲲"号主要参数和基本功能：全船总长 140 米，垂线间长 121.6 米，型宽 27.8 米，型深 9.0 米，设计吃水 6.5 米。挖深 6.5～35 米，能挖抗压强度 50 兆帕

图 4-51 绞刀齿是用特殊的耐磨钢材料制造的

图 4-52 绞刀齿可将 2 厘米钢板瞬间绞破

图 4-53 "天鲲"号安装的绞刀

岩石。总装机功率 25 843 千瓦,设计疏浚挖泥效率 6 000 立方米/时。满载排水量 17 000 吨,设计航速 12 节,续航力 10 000 海里。绞刀额定功率 6 600 千瓦,泥泵电机总功率 17 000 千瓦,可根据输送距离的不同选择单泵工作、双泵串联和三泵串联等多种施工模式。"天鲲"号的吸、排管径均为 1 000 毫米,配置一台水下泵、两台舱内泵,最大排距为 15 000 米,可通过装驳装置实现单水下泵装驳作业;疏浚土质为淤泥、黏土、密实沙质土、砾石、强风化岩及中弱风化岩。

该船于 2017 年 11 月下水。随后历时 7 个月,先后完成全船液压管系安装、船舶舾装、涂装工作、构建分布全船电力系统等各种设备的安装调试和船舶倾斜试验。

2018 年 6 月 8 日进行海试,其间进行航速、停船、回转、抛锚、操舵装置、船舶动力系统功能及其他辅助系统功能等多项试验,还要对雷达、电罗经、磁罗经等助航辅助设备进行调试校正,2018 年 6 月 12 日成功完成首次试航。

之后,又进行了航行试验整改,并继续进行疏浚设备调试,随后经过近 3 个月的挖泥、挖岩试验后顺利返航,标志着其完成全部测试,正式具备投产能力。于 2019 年 2 月交船,船名为"天鲲"号。

"天鲲"号具有多项原创技术,其研制成功,在绞吸挖泥船的发展史上实现了新的跨越,也标志着我国疏浚装备研发技术和制造业迈入世界先进行列,为实现科技兴国、制造强国、海洋强国的中国梦再添利器。

它是我国继"天鲸"号后研制建造新型绞吸挖泥船,是目前亚洲最大最先进的重型自航绞吸挖泥船。安装设备的"天鲲"号如图 4-54 所示。

该船为双桨、双转动导流管、全电力驱动的自航绞吸挖泥船;艉部船体开槽,设置桥架;艏部设置柔性钢桩台车定位系统及三缆定位系统;适用于国内、外港口航道疏浚、岛礁建设及围海吹填造地;适用于挖掘淤泥、黏土、密实沙质土、砾石、强风化岩以及单侧抗压强度 50 兆帕的中弱风化岩;由三台主发电机组构成全船电网,为全船系统供电;设置一台单壳水下泵,由变频电机经减速齿

图4-54 安装设备的"天鲲"号

轮箱驱动;设置两台双壳舱内泵,由变频电机经减速齿轮箱驱动;水下泵与舱内泵采用串联形式,通过管路调整,可实现单泵、两泵、三泵作业;桥架前端部安装绞刀,绞刀由两台变频电机经减速齿轮箱及长轴系驱动;设置两台电动横移绞车,通过横移滑轮和横移锚使船体摆动;设置两台电动起桥绞车,通过桥架波浪补偿装置和滑轮组升降桥架;船首设置柔性钢桩台车定位系统,可实现浅水快速倒桩;船首左舷设置三缆定位装置,可在较恶劣的海况条件下作业;在驾驶室设置单人遥控推进控制系统和单人遥控疏浚控制系统;上甲板中后部设有定员45人的生活区域,通过气动减振装置与上甲板相连;设有两个带转动导管的定螺距螺旋桨,由变频电机经减速齿轮箱和轴系驱动等。

此外还配备了油缸式柔性重型钢桩台车系统,可适应3米高的波浪;并拥有国际领先的自航绞吸挖泥船智能集成控制系统。航行途中的"天鲲"号如图4-55所示。

图 4-55 航行途中的"天鲲"号

"天鲲"号关键技术包括开发了我国自己设计建造的疏浚设备工具,如绞刀、泥泵、集成自动化等系统。完全拥有自主知识产权,核心关键技术自主可控,核心装备国产化率超过 80%,带动了柔性钢桩台车系统、重型桥架系统、疏浚设备传动系统等一系列核心装备的产业化发展,提升了我国装备制造业的整体水平。

该船荣获 2019 年中国船舶集团公司科学技术进步奖一等奖,2019 年11 月 30 日,被评为第二届优秀海洋工程。

"天鲲"号在国资委新闻中心发起的 2017 年度网友最关注的央企十大国之重器评选中被评为"国之重器"之一。2017 年"天鲲"号被国际知名船舶杂志 *Maritime Reporter& Engineering News* 评为"年度世界名船"。

8) 超大智能型自航绞吸挖泥船"昊海龙"号

我国疏浚装备自主研发的进程在中央有关部委的支持下,为适应经济建设高速发展的需要,迅速、高水准的发展已成不可阻挡之势。继"天鲲"号超大型绞吸式挖泥船之后,更先进的超大智能型自航绞吸挖泥船"昊海龙"号(见图 4-56)于 2021 年问世。

图 4-56 超大型智能化自航绞吸挖泥船"昊海龙"号

这是一艘面向世界的疏浚装备,它除适用于我国各海域作业外,还能到中东地区、东南亚、非洲、南美洲等沿海水域、港口、航道完成疏浚吹填工程。由中船黄浦文冲船舶有限公司、中交上海航道局有限公司委托中国船舶及海洋工程设计研究院设计,广州文冲船厂有限公司建造,船名为"昊海龙"号。该船总长 148 米,型宽 29 米,型深 9.2 米,总装机功率 25 260 千瓦。该船绞刀最大功率 7 800 千瓦,最大挖深 38 米,最大排距 15 000 米,双机、双桨,双转动导管舵、全电力驱动,自由航速 12 节,可无限航区调遣。配置了挖岩、挖黏土和挖砂等 3 种不同类型的绞刀,可实现五速操控的柔性钢桩台车以及重型桥架,可开挖抗压强度在 50 兆帕以内的中弱风化岩,是疏浚工程攻坚克难的国之重器。

与"天鲲"号相比,该船在技术上又有新的跨越,首先船体长度增加了4 米,加宽了 1.2 米,型深多了 0.2 米,最大的挖深比"天鲲"号多了 3 米,总装机功率多了 283 千瓦,最大绞刀功率多了 1 200 千瓦,该船性能指标均超过亚洲现役的大型绞吸挖泥船,创疏浚船舶装备最高技术水平的纪录,为我国疏浚行业再添利器。智能型自航绞吸挖泥船"昊海龙"号如图4-57所示。

图4-57 智能型自航绞吸挖泥船"昊海龙"号

该船的泥管系统采用水下泵串联两台舱内泵的工作方式,通过管路实现水下泵单独以及水下泵与任意舱内泵串联,可实现单泵、双泵、三泵挖泥排岸作业。

该船的创新点是智能化,采用机器学习和人工智能算法,打造全新智能疏浚决策与控制系统,实现绞吸挖泥船一键施工作业和智能择优控制,全面提高了施工效率与安全性,降低劳动强度,是业内高效、舒适、节能、环保的典范。

在试航试验中(见图4-58),该船完成主推进系统试验、通信导航系统试验、船舶回转试验、操舵装置试验、抛锚试验、机舱自动化试验、船体振动、噪声测试、助航设备效用试验等航行试验大纲要求的30项试验,整个试航过程准时、有序,船舶各项设备运转正常,总体性能指标达到设计要求,得到船舶所有人、船级社、船员以及设备厂商的一致认可。

图 4-58　"昊海龙"号在进行试航试验

　　该船独具的全新绞刀智能控制功率管理系统、智能能效系统、智能机舱系统、智能疏浚策略分析系统。经试验检测,各系统均达到设计要求。该船上层建筑采用整体设计方案,通过智能能效、智能机舱系统的应用,提升了船舶信息化水平和操作性能。

　　我国从 2001 年开始,研制建造的大型、超大型耙吸、绞吸挖泥船,不论是"天鲸"号"天鲲"号还是新研制的"昊海龙"号,他们都为祖国的经济建设和巩固海防建设,为建造机场、观察哨所和扩岛建设等做出了卓越的贡献。从空中俯瞰"昊海龙"号如图 4-59 所示。

　　(三)研制吸盘挖泥船

　　吸盘挖泥船是形体特征颇为特殊的吸扬挖泥船,它有一个宽而扁平的吸口,能以较小的切削厚度获得较大的产量,泥砂吸入主要借助吸口周边均布的高压喷嘴水动力作用,使前方土层坍塌形成泥浆,并以较高浓度吸入。具有无须抛设横移锚缆、纵向推进作业、一次挖宽大、作业时不妨碍其他船舶通航等优

图 4-59　从空中俯瞰"昊海龙"号

点。因其破土方式是依靠高压喷水,较之其他依靠机械式破土形式挖泥船,破土能力差,一般只适用于泥砂淤积的航道疏浚。因此作为挖泥船诸多挖泥方式的一种,尽管它已问世百余年,除承担航道维护疏浚外,较难参与其他疏浚工程,而不为国际航道疏浚作业者所重视。

1)吸盘挖泥船的研发和应用概况

20 世纪 90 年代中期葛洲坝工程开始兴建,为确保长江葛洲坝建成后中游航道的畅通,针对大江航道向家嘴段的河床,可能形成大量泥砂淤积(初步计算,预计每年泥砂淤积量可达 120 万立方米),且淤积的泥砂还只能在大约两个月内的枯水季节挖走的特殊情况,需要一艘挖方量在 1 250~1 750 立方米/时(每日工作 17 小时)的挖泥船来完成。为解决这一问题,长江航道局计划建造一艘适应该航道疏浚要求、浅吃水、高效能的挖泥船,用以应对向家嘴段可能形成的大量泥砂淤积。经考察分析,认为一种边抛作业、纵向推进的吸盘挖泥船具有适应泥层薄、挖宽大,挖至近岸边 10 米处也不造成妨碍其他船舶通航的船型,对葛洲坝水域向家嘴段施工较为合适,故倾向配置吸盘船,并希望将其作业水域从葛洲坝延伸到长江中、下游航道。

为慎重起见,长江航道局于 1985 年向中国船舶及海洋工程设计研究院咨询,该院为其提供了一个设计方案,以供其与外商谈判之需。1987 年秋,由于大江通航在即,建造吸盘船随之提上议事日程,该院再度提供了吸盘船的方案,在是否引进挖泥船并未确定情况下,1988 年中国船舶工业总公司带领该院会同交通部、长江航务管理局等单位向国家计划委员会(以下简称"国家计委")做了汇报,用船部门认为该船国内不曾建造过,希望首制船能从国外购买,至少采取与国外联合设计方式。

中船总公司及该院认为该型船国内虽未建造过,但技术形态并非十分复杂,该院已做过预研,有相当的技术储备,设计及工厂建造均有可能独立完成,至多采取设计咨询及关键设备引进的方式。

国家计委对此十分关注,在综合各方意见后,确定安排国内自行研制吸盘挖泥船的计划,关键技术向国外咨询、关键设备由国外引进的研发建设方针,且将原拟定的 1 750 立方米/时缩小为 1 250 立方米/时,以节省造价。从此我国吸盘挖泥船研发史开启了新的篇章。

2)"吸盘 1"号挖泥船的技术设计与建造

为完善技术设计,1988 年 6 月中国船舶及海洋工程设计研究院设计团队再赴宜昌葛洲坝水域进行考察,并就长江航务管理局拟定的吸盘挖泥船设计任务书和该院设计方案征求船舶所有人的意见,并对其现有的 500 立方米/时耙吸挖泥船进行实船调研,为进行方案设计打下了基础。

经实地调研后,该院于 1988 年 7—10 月设计了柴油机、电力驱动两个方案。1988 年年底如期完成方案设计。1989 年 4 月初长江航务管理局要求设计船长由 105 米缩短至 85 米,以利于调遣,经协调最后认可 87 米。同年 6 月在苏州召开方案设计审查会获得通过。1991 年 4 月初由该院在京主持对外设备技术谈判,随后为顺利进行技术设计,派员参加赴德国、荷兰采办设备和技术咨询,10 月在宁波召开技术设计评审会获得通过。其中部分图纸资料船舶所有人聘请德国 O&K 公司咨询认可。

1991 年 11 月该船在上海东海船舶修造有限公司开工。1993 年 6 月 17—21 日长江口外试航、试挖(浏河口段)试验获得一次成功,主要技术、性能参数均达到或超过设计任务书的要求。航速达到 10.1 节,超过设计任务 9.0 节的指标。

挖泥试验在吴淞口外的浏行段水域进行,淡水域土质为密实细砂(比重 1.7,接近铁板砂),与葛洲坝水域的土质类似。考核结果是,最大挖深约为 16.2 米;最小挖深约为 2.4 米;边抛距离(目测)50 米以远,边抛时船舶最大横倾角度不超过 2.5 度,比较理想。泥浆浓度可稳定在 30%左右,最大值超过 40%,大大超出 18% 的设计浓度值。生产量在正常作业情况下可达到 2 000 立方米/时,超出设计生产量(1 250 立方米/时)的 60%。

1993 年 10 月第二次倾斜试验性能表现良好。12 月现场重复在上海进行的各项试验外,还补充进行了接尾管抛泥的试验,临时加接直径 560 毫米抛泥管 210 米,排泥效果很好,试验顺利。12 月 5 日 1 250 立方米/时吸盘挖泥船交船,命名为"吸盘 1"号(见图 4 - 60)。是我国吸盘式挖泥船的开篇之作,研发团队精心设计,在技术上有不少特殊的措施,以适应作业的特点。

图 4 - 60 "吸盘 1"号——我国首艘吸盘挖泥船

　　该船总长 90 米,型宽 13.8 米,型深 4.4 米,吃水 2.1 米,航速 9 节,浮心距舯 0.88 米(舯前)。泥泵主机:MAN 12V20/27、1 080 千瓦一台;推进主机:MAN 6L20/27、600 千瓦两台;主发电机组:MAN 6L20/27 - IFC5 502 - 6TA42、556 千瓦两台;设计生产量 1 250 立方米/时,泥浆泵的清水流量 8 000 立方米/时,总扬程 34 米,两台水柱高压冲水泵两台;清水流量 900 立方米/时,总扬程 70 米水柱,最大挖深 16 米,舯排距 600 米,边抛距舷边 50 米,吸、排管径分别为 0.8 米、0.7 米;定员 38 人,自持力 20 天,自由航速 10 节,航区长江 A、B、C 级及 J 段。

　　合理选择主尺度是其关键,因葛洲坝水域施工环境险恶,为尽量扩大该船的作业区域,使用部门要求该船吃水浅,因调遣时船长也受限制。经过仔细布置作业设备和作业区域及采取船体重量控制等措施,船长压缩到 90 米以内,吃水 2.2 米。

　　为确保该船的稳性,优化线型设计。为方便甲板作业,采用尽可能小的脊弧及梁拱。水线面艏端也因开槽及甲板机械设备布置需要加大宽度,即采用类似内河驳船的杓形船首。同样为增大艉甲板作业面积采用方艉型。为克服浅吃水给舵桨安装所带来的困难,对相应部位设计成特殊形式的隧道线型,以取得与 Z 形推进器较佳的配合。为提高航向稳性,舯后部位设置艉呆木。

　　浮心纵向位置在该船线型设计中具有特别重要的意义,由于艏部大开槽,浮心要设计在舯前位置十分困难,而疏浚装备又多集中于舯前,为使各种装载状态下均具有理想浮态,浮心务必设在前。为此舯后线型提前斜升,使艉段形成较长的平行升高段。

　　总布置合理则利于纵向平衡。由于艏部具有较大开槽,并设置众多疏浚设备,舯后又设置长度 45 米以上,可自由旋转的边抛架(转到纵向时不得超出船舷),且所有船员居住舱室又必须安置在上甲板以上部位,故总布置,尤其上层建筑布局受到很大制约。因此在上甲板以上设有游步甲板、桥楼甲板、驾驶甲板及罗经甲板。以下设有双层底,部分设有中间甲板。该船机舱与泵舱分隔布置:机舱设于舯后,泵舱居舯前,以确保一舱不沉。所有居住舱室及主要公共场所均设有空调。

机械设计立足采用国内的优良机械。一是泥浆泵、高压冲水泵、液压泵站的基本参数选择合理,价格经济;二是边抛架设计轻巧,重量比方案设计时减重40吨,具有良好的强度、刚度,回转平稳无振动;三是船上输泥管及传动部分,如输泥管通向边抛管的传动部分无泄漏,传动阻力小,设计结构合理,无对中的误差;四是全船液压系统采用 PLC 控制,电液比例无级调速,泵站功率设计思路合理;五是该院自行设计、由东海船舶修造有限公司制造的 100 千瓦液压绞车,与进口绞车相比毫不逊色。

设计中还有多项创新,如为确保急流、横流下的施工质量,该船首次采用全回转舵桨获得成功;同时兼备边抛和艉管两种排泥功能,使排泥作业更富于机动性;边抛架系统采用了当时国际上新颖的设计技术,使泥管直接参与系统架构强度,不仅自重减轻 30%,也缓解了吃水矛盾;边抛作业时无须压载水调节而具有良好的稳性等。

该吸盘挖泥船填补了国内空白,产生了明显的社会经济效益。交船一年即完成 5 项疏浚吹填工程,疏浚土方量 80 余万立方米,确保了葛洲坝枢纽的正常运行及航运畅通。新增产值 537.1 万元,船舶所有人评价其"是迄今国内建造的最先进、效率最高的挖泥船"。

首艘吸盘船——1 250 立方米/时"吸盘 1"号投入作业后的 20 年间,在保障长江黄金水道的畅通中屡立战功,被誉为"航道蛟龙"。该船 1995 年荣获中船总公司科技进步奖二等奖。首型吸盘挖泥船(1 250 立方米/时)的研制成功和应用,为后来研制新型吸盘 2、3、4 号船奠定了技术基础,开创了我国吸盘挖泥船的历史新局面。

3) 2 000 立方米/时全电动吸盘挖泥船吸盘 2、3、4 号

"吸盘 1"号在长江航道疏浚作业获得很好的口碑,但单船的作业能力尚不足以满足使用要求,为此长江航道局又于 2008 年委托该院设计作业能力更大的 2 000 立方米/时吸盘式挖泥船(见图 4 - 61)。

2008 年 9 月组成设计团队启动设计,2011 年 3 月完成详细设计。南通港闸船舶制造有限公司于 2010 年 12 月开工建造。

2012 年 5 月 31 日交付长江航道局。

该船总长约 88.60 米,型宽 15.00 米,型深 4.80 米。设计满载吃水 2.50 米,半载枯水作业吃水 2.34 米,最大挖深 16 米,最小挖深约 2.6 米,设计生产量(挖深 12 米、排距 600 米/时)2 000 立方米/时,泥泵参数 13 000 立方米/时×33 米×1 700 千瓦,吸、排管径均为 0.85 米,高压冲水泵 2×1 600 立方米/时×80 米×500 千瓦,排距:边抛 60 米、艉管 600 米。

主发电机组 3×1 600 千瓦(柴油机 3×1 717 千瓦);停泊发电机组 1×200 千瓦(柴油机 215 千瓦);自持力 15 天。

图 4-61 国产 2 000 立方米/时"吸盘 2"号(2015 年)

该船为全电动自航吸盘挖泥船,采用单甲板、双全回转舵桨、方艉浅吃水肥大船型,主要用于长江中游航道的应急维护疏浚任务。它能视不同作业水域条件进行直线绞进疏浚和自航顶推作业。它采用艏部顶推直进开挖方式开槽作业,开槽宽度大,施工效率高,功率储备合理,调遣方便,应急抢通能力强;设有边抛排泥及艉管排泥两种排泥模式,边抛排泥作业时不碍航,加之吃水较浅,对疏浚水域的适应范围较广。枯水期实施航道应急疏浚时,还可以采用变吃水进行突击抢通。

通过对水域的环境条件、功能要求、作业设施配置及布置形态、相关规范规则的初步分析,确定该船船型、总布置及主尺度要素。为适应长江浅吃水作业特征,艉部线型处理成浅"U"形。结合该船干舷、吃水、排水量、航速、作业要求、疏浚设备布置、动力配置方案等多种因素的考虑后,决定该船主尺度参数。为获得较佳的船后水动力特性,船体艉部设计成特殊形式的隧道线型,以取得与两只Z形推进器的理想配合,同时将船体艏部开槽端壁设计成抛物线型,减小船体阻力。

该船动力配置采用全电动动力配置方案,通过对自由航行、绞进挖泥及自航推进挖泥等工况的分析,从总装机功率、设备配置、机型选用、操作管理、节能环保、总布置等方面,进行全电动动力配置与常规"一拖二"动力配置方案的比较,确定主机及全回转舵桨的功率参数。

采用690伏配电系统,设3台690伏、1 600千瓦的主发电机组和1台400伏、200千瓦的停泊发电机组,设两个1 250千瓦舵桨、1台1 850千瓦泥泵、两台500千瓦高压冲水泵,均由690伏电网通过1 000千伏安、690伏/400伏日用变压器向全船日常用电负荷供电。由于该船采用全电力形式,舵桨、泥泵、高压冲水泵均由变频器通过电动机驱动,为了抑制谐波,舵桨采用虚拟24脉冲变频器、一台泥泵和两台高压冲水泵采用24脉冲多传动变频器,从而确保在不同工况下全船的谐波均能满足要求。采用全电力形式对全船功率管理具有较高的要求。在航行、推进挖泥、绞进挖泥等不同工况下,通过实时监测发电机、舵桨、泥泵、高压冲水泵的功率,可以合理分配各负载的功率和发电机的台数,并通过挖泥控制系统调节吸盘架的高度和引水量的大小,从而调节泥泵所需的功率,达到全船供电最佳的工作状态。该船作为一艘电力推进的挖泥船,在国内是首创,在国际上亦不多见,对此后全电动耙吸挖泥船的设计和建造具有借鉴作用。

为克服艉倾并严格控制船体主尺度,对艏部相关结构进行了适当优化。通过采用全电力驱动方案,泥泵不再由柴油机组直接带动,而是经由电机驱动进行工作,这使得泵舱长度得以有效缩减;上层建筑、甲板室和船中部位的边抛架系统根据需要适当向舯后推移;另外,对艏部吸盘头、吸盘架、艏吊架及相关区域结构加强进行了优化以减轻船体重量,有效地改善了全船空船重量以及重心的位置。

舱室布局如燃油舱、淡水舱、压载水舱、工具备用舱等位置的设置充分考虑到航行、作业工况下的装载对纵向浮态的影响。

该船总布置紧紧围绕吸盘疏浚作业的特点进行,艏部为疏浚装备区域,为安放吸盘架装置设有较长的中间开槽,甲板上布置有大型旋转式起重机和大量疏浚机具,为配合疏浚作业在船体开槽后布置有泥泵舱;舯部为机电设备区域,设置有中间平台,平台以上为工程舱室,平台以下为全船油水区域,上甲板以上布置有总长度 41 米以上的旋转式边抛架;艉部为全船动力和推进装置区域,设置有 3 台主发电机组联网的统一电站和一台停泊发电机组成的停泊电站,紧邻动力区域的后部设置有两台全回转舵桨装置;全船生活区域位于舯前上甲板以上,共设游步甲板、桥楼甲板、驾驶甲板及罗经甲板。

为了满足疏浚作业要求,设置了泥泵系统、吸排管系统、高压冲水泵系统、吸盘头、艏部特种构架及设备、边抛回转构架、液压系统及维修起重设备等。

泥泵系统使用一台泥泵,满足两种作业模式。即边喷抛泥和艉部排泥两种工况,选取阻力较高的为主,确定其艉部排泥阻力较大为泥泵主工作点。采用变频电机驱动泥泵。泥泵运行平稳可靠。

该船吸排泥管系统的布置可满足两种排泥作业模式：一种是借助水陆排泥管的泥泵排岸作业，另一种是借助旋转边抛架的泥泵边抛作业。两种作业模式之间的转换均通过调节阀闸，两种模式管路流畅，转换方便。

高压冲水泵系统主要配备给吸盘喷嘴进行破土作业，设置了两台高压冲水泵。为满足不同土质的破土要求，设计两台泵可串联或并联作业。

艏部特种结构装置包括艏吊架、吸盘架、吸盘架起升绞车及起升滑轮组。其中艏吊架和吸盘架均为结构件，为了满足对该船浮态及吃水要求，对艏部结构重量进行严格控制，为优化结构重量，在对其构架使用特点和受力进行分析计算后，艏吊架采用了无缝钢管制成的桁架结构，吸盘架采用了钢板焊接的桁架结构形式。两种桁架形式的特点均是结构稳定，重量较轻，能较好地满足该船对艏部结构重量优化的要求。通过实践，艏吊架和吸盘架结构稳定，使用效果好。

为满足向左、右舷喷泥要求，边抛回转构架可以向左舷和右舷各转动 90 度，边喷管置于边抛架上，边抛架采用马达通过齿轮箱带动回转支承的传动形式，使边喷架旋转。该船边喷架采用圆形钢管组成的桁架结构，其主要特点是为减轻整体构架重量，其中排泥管也作为桁架结构的一部分。这起到了既可排泥，又可作为边喷支持结构的作用。通过挖泥作业试验证实，边抛架回转灵活，抛离时构架稳定，船舶的横倾可控。

该船的液压系统主要驱动相关的甲板机械，包括吸盘架起升绞车、艏锚摩擦绞车、容缆绞车、艉锚绞车、边抛架回转机构、闸阀、蝶阀等甲板机械。在艏部及艉部各设一台起重机，分别用于维修舱内泵系统和艉部起吊排泥浮管。

值得特别提出的是吸盘头是进行挖泥最主要的工具，此前国内尚无吸盘设计经验，首制船"吸盘 1"号船的吸盘头系从德国进口，在此次设计中，中国船舶及海洋工程设计研究院设计团队决定自行研发。为了能较好地设计出合理而实用的吸盘头，分析了该船吸盘形式及特点，并在此基础上对国外的资料进行研究及相应的理论计算,从而确定了吸盘的形式、开口尺寸大小、吸盘头泥浆吸入流速、吸盘头喷嘴尺寸和角度等重要参数,通过实践,吸盘头的各项指标均较好达到了设计的要求,填补了国内的空白,打破了国外的垄断。

"吸盘2"号设计没有向国外公司进行技术咨询,是我国独立自主研发设计并拥有自主知识产权。进一步确立我国在吸盘挖泥船设计技术上进入国际先进水平,推进了我国特种工程船的发展。

该船的建成投产有效地缓解了长江中游航道的"瓶颈"效应,对保障长江中游航道的畅通起了重要作用,促进了长江航运的可持续发展,改善了沿江的社会和经济环境(见图4-61)。

后续的3号、4号吸盘船仍由中国船舶及海洋工程设计研究院设计,建造厂为南通港闸船厂吸盘3号和江苏海新船务重工("吸盘4"号)。使用单位均反映其技术性能良好。

4) 500立方米吸盘、耙吸两用挖泥船"龙浚21"号

吸盘式挖泥船在长江航道的成功运用,引起国内航道管理部门的注

图4-62　"吸盘3"号整装待发(2015年)

目,黑龙江省航道局于2014年9月委托哈尔滨工程大学船舶工程学院设计,哈尔滨北方造船厂建造500立方米吸盘、耙吸两用挖泥船"龙浚21"号(见图4-63)顺利建成投产。该船建造的背景依托黑瞎子岛航道疏浚工程,同时具有吸盘及双边耙吸两种挖泥功能,以及边抛和艉管排泥两种排泥模式,双桨、全电力推进,尤其适合小型、浅水航道疏浚,适用于边境河流抚远航道的维护疏浚。

图 4 - 63　500 立方米耙吸、吸盘挖泥船"龙浚 21"号在挖泥试验中

（四）研制抓斗挖泥船

1）27 立方米抓斗挖泥船"新海蚌"号

该抓斗挖泥船系由长航集团长江船舶设计院设计、上海振华重工长兴基地建造的抓斗挖泥船。2007 年签约设计，2009 年即交付中交上海航道局使用。该船的成功交付可以说是国内强强联合推出的又一丰硕成果。这是迄今为止我国自行设计、建造的最先进的抓斗挖泥船，也是国产最大型钢索抓斗船之一（见图 4 - 64）。

该船总长 65.8 米，型宽 24 米，型深 4.8 米，设计吃水 2.7 米，最大挖深56 米，标准工况下挖泥能力为 747 立方米/时。采用全回转、吊臂、可变幅抓斗机，并配置有不同形式、不同斗容和斗重的抓斗，适用于各种土质。该船还具备先进的疏浚监控系统，同时配有锚泊和钢桩两套移船定位系统，能高效实现船舶的移动和定位。

2）"大润 27"号抓斗挖泥船

2007 年由上海大润航道建设公司投资建造的又一艘大型抓斗挖泥船（见图 4 - 65）。该船总长 56 米，型宽 23 米，型深 4.5 米，推进主机 1 102 千瓦，起重

图 4-64　27 立方米抓斗挖泥船"新海蚌"号

机功率 1 985 千瓦,斗容 27 立方米,抓斗自重 150/70 吨,最大挖深 70 米,抓斗机等主要部件从日本进口,为同期国内建造的最大型抓斗挖泥船之一。

图 4-65　"大润 27"抓斗挖泥船

第五章
设计团队创奇迹

　　我国挖泥船规模从小到大、技术从落后到先进,再到进入世界先进水平,这是中国共产党领导、社会主义团结协作、集中力量办大事的制度优势,也是研发、设计、建造各方共同努力的结果,是几十年来一代又一代从事挖泥船研发的科技人员辛勤拼搏的成果。这里介绍的几个团队是中国挖泥船众多设计团队的代表。他们不负韶华,不忘初心,牢记使命,坚持自力更生,发扬艰苦奋斗,勇于攀登,不断开拓创新的精神,用自己的智慧和汗水共筑国之重器——疏浚挖泥船的辉煌。他们的事迹将永远铭刻在中国挖泥船发展的丰碑上。

第一节　货改耙研发设计团队——开创设计新思路

　　这一设计团队是中国船舶及海洋工程设计研究院以"货改耙"为突破口的大型耙吸挖泥船研发设计团队。

　　"货改耙"项目开启了我国超大型耙吸挖泥船新技术的研制开发。这一技术的突破是有一个励精图治的研发"货改耙"项目设计团队,在技术上不断创新、突破而获得的。在此介绍"货改耙"项目设计团队超前思维研制新船型的故事。

　　将货船改装成自航式耙吸挖泥船不仅在国内是首创,就是在世界造船业中也很罕见。它不仅弥补了我国深水疏浚力量的不足,更立足于实践,为振兴我国疏浚产业创造性地走出了一条设备更新与改造并举的发展新路,为中国疏浚史上写下了光辉的篇章。

我国曾自行设计建造过一些中、小型耙吸挖泥船,但大型耙吸挖泥船的研究开发在当时尚属空白。随着我国国民经济快速发展,大规模的港口航道疏浚工作,长江口深水航道以及洋山深水港建设对大型耙吸挖泥船的需求,仅仅依靠国内现有的挖泥船队的实力如同杯水车薪,难以完成疏浚任务。然而建造一艘万立方米级耙吸挖泥船的造价是同等装载量散货船的几倍,进口一艘万立方米级耙吸挖泥船需 1 亿欧元左右,几乎相当于一艘 30 万吨载重 VLCC 的价格。即使国内已具备大型耙吸挖泥船的建造和配套能力,建造一艘也需耗资数亿元人民币,且周期长,投产见效慢,无法满足当时的急需。所以"货改耙"项目是中国船舶及海洋工程设计研究院的一个创举,大型耙吸挖泥船"新海象"号、"新海鲸"号就是货改耙成功研发设计的最早先例。

"新海象"号耙吸挖泥船于 2004 年荣获中国船舶工业集团公司科技进步奖二等奖,中国港湾集团公司科技进步奖特等奖。此外,"货物运输船改装耙吸挖泥船的方法"荣获第四届上海市发明创造专利一等奖。

大型耙吸挖泥船,以其集挖泥、装载、运输、抛泥、吹填等诸多功能于一体,生产效率高,抗风浪能力强,对作业环境适应性好,营运成本低等优势在世界疏浚行业中发展迅速。但由于此类船型科技含量高,建造周期长,初期投资大,当时世界上仅少数国家能够设计建造。

2001 年初,中交上海航道局有限公司因长江口深水航道工程急需,提出了"货改耙"的设想——即将一艘旧散货船改造成大型耙吸挖泥船。为使这一国际上尚无先例的设想付诸实现,该局委托中国船舶及海洋工程设计研究院进行大型"货改耙"方案可行性论证,并组织专家进行评审,会后设计团队,对"货改耙"进行可行性论证,在此基础上进一步开展方案设计、技术设计和施工设计。

货船和耙吸挖泥船是两种不同类型的船舶。大型耙吸挖泥船虽具有自航、装运、卸泥的功能，但绝非一般意义上的货物运输船，它有如一座浮动的水上工厂，需在复杂的水域环境下进行工程作业，结构受力情况远较普通运输船复杂，一天之内，船体就要频繁地承受因泥舱多次装卸泥作业而产生的弯曲应力，而且卸泥速度极快，往往在几分钟之内完成，因此对船体的疲劳强度、刚度等要求显然要比常规运输船高，要将一艘使用年久的运输船改装成为大型耙吸挖泥船，设计团队所承受的风险和面临的困难可想而知，其技术难度不亚于新设计一艘大型耙吸挖泥船，改装设计成功与否将关系到整个改装工程的成败。对于还没有大型耙吸挖泥船设计经验的设计团队来说，改装设计工作难度高、责任重、风险大、困难多。当时国内用户、国外挖泥船建造厂商有人担心、怀疑，甚至摇头，然而在领导和项目主管的支持和帮助下，给了设计团队极大的信任和鼓励，设计团队决心走一条"人无我有，人有我先"的更新改造新路子。

对中交上海航道局有限公司提出的"货改耙"设想，设计团队在技术资料匮乏，又无实船经验可借鉴的情况下，敢于创新，通过优化设计，攻克了诸多技术难点；按照耙吸挖泥船特殊的要求，对泥舱、边浮舱、挖泥装置和相应的泵舱、机舱等进行优化布置，并对改进挖泥作业推进性能做了技术准备；通过科学的论证，提出了单机、单桨、单舵＋艏侧推装置的配置方案来满足耙吸挖泥船特殊操纵性的要求；解决了耙吸挖泥船对纵倾和浮态特定的要求，使得满载时船舶处于基本正浮状态，吃水不超过限制，空载时螺旋桨、耙管吸口、艏侧推三点都满足工作要求。

在"货改耙"项目的总体性能上，设计团队对旧货船的选型、装载量的确定、总布置、浮态和稳性、推进航速、单桨、单舵耙吸挖泥船的操纵性能等关键技术进行了深入研究，对各种方案进行论证比较，通过优化设计，攻克了诸多技术难点。

在船体结构改造中，设计团队根据耙吸挖泥船对船体强度、刚度等要求，经过多次论证和优化，将原船五个货舱改装成一个纵通的大泥舱，拆除横舱壁，增加两道边纵舱壁，长度贯穿整个泥舱；

在挖泥设备系统的配置中设计团队自主研制了泥门、吊架、滑车、消能箱、溢流筒、液压闸阀、耙吸管、疏浚控制台、疏浚仪表等多项大型疏浚设备,使挖泥机械结构新颖,操作方便,使用安全,完全能满足挖泥作业的要求,填补了我国大型疏浚设备的空白。

2001年6月旧货船抵达上海港后,整个改造工程全面启动,一场"货改耙"战役正式打响。2艘为配合船厂施工,设计团队下厂配建。承担改装的龙山船厂位于舟山六横岛上。从上海到宁波再到工厂,一次10多个小时,而且岛上生活条件艰苦,没有宾馆,只能借宿在农家小旅馆。正值黄梅天,没有空调,天气闷热,蚊子猖獗,到了晚上稍不留神,脚上就叮满蚊子,留下斑斑驳驳的红块,瘙痒难忍,但设计团队全然不顾,心中想着,一定要把船搞出来,因为这是第一艘"货改耙"船,只能成功。

当船进入龙山船厂有限公司船坞后,设计团队各路专业人员上船勘测。这是一艘使用年限已达20年的旧船,交接船时,也没有近期的钢板测厚纪录,长期使用中钢板受到腐蚀,导致该船船体的剖面模数降低。为获得这方面的准确数据,设计团队多次上船,深入到各主要舱室,对一些重要结构部位进行勘测,以获取可靠的数据。设计团队进坞查看船底,不顾船底肮脏不堪,认真仔细查看,不错过任何地方。为了测量泥浆吸口处的滑块与船体对接的精度,设计人员爬进管径为800~900毫米的管子,爬了十几米进行检查测量,当检测合格后,才放心地从管子里爬出来。

船舶改装工程并不是简单的拼接安装,修修补补,完全是一种"脱胎换骨"。在改装过程中各种困难和干扰接踵而来,为此,设计团队加强各专业的沟通和协调,遇到重大问题及时联系,及时协商,跨越了一个又一个障碍攻克了一个又一个难关。一是操纵性:通常耙吸挖泥船都采用双桨、双舵的操纵模式,把单桨、单舵货船改成耙吸挖泥船,操纵性问题能否解决关系到改装工程的成败。改装设计采用变距桨艏侧推装置与泥泵喷水艉侧推装置相结合的方案,攻克了单机、单桨操纵不灵活的难关,顺利实现原地调头和不用拖船离靠码头等航行操纵功能。二是纵倾：货船满载和轻载的纵倾值相差甚远，而耙吸挖泥船，由于每天装卸载作业频繁，不可能像货船一样完全依靠调节压载水来调整纵倾。因此，设计和改装时通过合理布置泥舱位置以达到空载时最大艉倾为1米左右、满载时船舶基本处于正浮状态，适合安全航行的需要。三是主机推进力：主机推进力是决定挖泥效率的关键。旧船选型时充分考虑主机功率的需求，在改装期间经过恢复性修理，主机马力完全能满足挖泥和航行要求。四是船体结构强度：挖泥船的装载情况与货船不同，同吨位的挖泥船船板较货船要厚。通过对船板局部换板加强，使结构强度计算完全满足规范要求。五是国际先进疏浚技术的应用：在改造工程中，大胆吸收引进采用国际疏浚先进技术，安装了四个预卸泥门，提升疏浚技术的科技含量。改装船原本无抽舱设备，考虑到今后使用对抛泥区域水深限制的要求，改造采用安装预卸泥门的方式。打开一半泥门可以不伸出船底，先对泥舱进行预卸，以便搁浅后逃脱和防止抛泥时撑弯泥门杆事故的发生。预卸泥门的采用使改装船能适应不同的工况条件作业，施工的范围和区域更广泛。安装了两个消能箱，以达到使泥浆迅速沉淀之目的，从而提高装舱效率。同时消能箱对进舱泥浆流能起到缓冲的作用，防止诸如石块等物体碰撞泥舱壁。弯管小车采用平推形式是耙吸挖泥船制造的新趋势，与弧形、四连杆机构等形式相比具有平稳、安全、受力均衡等优点。大量运用自润滑轴承，一则可以减少加润滑油的时间；二则可以减轻船员的劳动强度，具有代价低、使用方便的特点。此外差分全球定位系统终端连接采用"一机带二"显示形式，一台在驾驶室，另一台安置在船长室，船长可以随时掌握挖泥作业情况并及时进行作业指导。

2002年3月，"新海象"号、"新海鲸"两艘货改耙顺利交船。投入了长江口深水航道一期疏浚维护工程的施工。经试航、预试挖泥，各项性能和技术指标均达到预期目标，该船总体性能良好，运行安全可靠。

"货改耙"的研制成功为独立自主研制我国大型、高性能耙吸挖泥船夯实了技术基础。

在"新海象"号、"新海鲸"号研发设计的基础上,2003年设计团队又接受了新课题——12 000立方米耙吸挖泥船关键技术研究,通过研究攻关,完成了另一艘货改耙任务,将同型的货轮改装成13 000立方米的深水挖泥船"新海狮"号。同年以此团队为基础的大型耙吸挖泥船研发设计组又掌握了大型耙吸挖泥船设计的关键技术,为我国自主设计开发大型耙吸挖泥船打下了坚实的技术基础。

2005年,设计团队又参加到建造"新海虎"号研发设计中,2007年5月该船交付使用,前后不到两年。该船是按当时国际上先进理念设计、技术性能先进、设备配置优良的新一代高效大型耙吸挖泥船,综合技术性能指标接近国际先进水平,疏浚设备国产化率达80%,造价比同期进口的挖泥船节省30%左右。"新海虎"号在湛江港30万吨航道施工中初试锋芒后,于2008年1月18日远赴巴西里约热内卢港,开始了她的"处女"之行。

经过10多年的努力,设计团队在大型挖泥船研究和开发平台上,舱容从10 000～20 000立方米成系列的近30艘大型耙吸挖泥船以及多型大型绞吸式挖泥船的开发,推动了我国大型挖泥船开发技术全面发展,彻底改变了我国耙吸挖泥船长期依赖进口的局面,使我国挖泥船设计水平跨入世界先进行列。

第二节　"天鲸"号设计团队——我们改,我们负责

2000年之前,我国的大型挖泥船主要依靠国外进口。国外对我国采取严格的技术封锁,用高价向中国出口整船。从外国引进自航耙吸挖泥船、绞吸挖泥船,都需花费天价外汇。

核心技术受制于人,就如同在别人的墙基上砌房子,再大再漂亮也经不起风吹雨打,甚至会不堪一击。

20世纪末,上海交通大学设计团队开始了大型绞吸挖泥船研究及专用疏

浚设备的开发，所有的一切都从零开始。他们秉承"做明白的设计"的理念，边学、边做、边改，一步步地解决了关键的技术，逐步掌握了绞吸疏浚装备的最核心技术，使中国挖泥船研制不再受国外制约。

2004年，作为国内首艘自主设计、自主建造的大型绞吸挖泥船"航绞2001"号，其建成和投产为中国自主设计建造大型绞吸挖泥船积累了宝贵经验，也揭开了自主设计建造的序幕。

每一艘船的背后，都有一个"造船故事"。

2001年，设计建造"天鲸"号时，原采用的是外方提供的设计方案，但该设计方案与我国的需求"水土不服"，需对排水量和船体、结构作相应修改，外方却说"你改，你负责"。

交大设计团队经过反复测算表示"我们改，我们负责！"。他们按照实际需求修改了设计方案。

"大国重器，筑梦深蓝"，实现着中国的海洋强国梦想，凝聚着设计团队的智慧和科技创新的动力。设计团队拧成一股绳，团队成员加班不计其数，寒、暑假也几乎没有休息。因为每天8个小时工作，4个小时教学，4个小时科研是远远不够的。虽然很辛苦，但设计团队仍日复一日地坚持下来。他们说："我们不仅仅想完成任务，更想要做到最好，我们希望自己研发的每一艘挖泥船都有新的进步，一定要造出具有完全自主知识产权的海上大型绞吸挖泥船。"

最后成功设计制造出了我国首艘超大型自航绞吸挖泥船"天鲸"号，成为当时的亚洲第一、世界第三的绞吸式挖泥船。如今，我国各类挖泥船的年疏浚量已超过16亿立方米，是少数几个能够自主开展大规模吹填造陆和航道疏浚工程的国家之一。

只有拥有强大的自主创新能力，才能在激烈的市场竞争中把握先机、赢得发展的主动权。从"全靠进口"到"限制出口"，上海交大设计团队在中国疏浚设备研发中走出了一条自主创新之路。

第三节 "通途"号设计团队——攻坚克难,创新纪录

2009年天津航道局委托中国船舶及海洋工程设计研究院设计18 000方耙吸挖泥船。该船是当时我国自行设计和建造的挖泥船中舱容最大、挖掘量最大、挖掘水深最深、双桨、双耙、双机复合驱动、单甲板、带球鼻艏、实际泥舱舱容高达20 467立方米、技术水平先进的超大型耙吸挖泥船。该船应用了多项节能和环保技术,多项设计指标国内领先,部分参数指标达到了国际先进水平。

"通途"号超大型耙吸挖泥船有一个坚强的设计团队,面对船舶所有人为增加营运效能,多次提出增加舱容等新的要求,把挑战视为机遇,反复分析计算,精心构思每一个方案,对每一项效能、每一个指标都争取做到使船舶所有人满意,经过努力终于实现了预期的目标。他们全力以赴,秉持更新换代、打造精品为目标,坚持团结协作、攻坚克难的精神,始终坚持独立自主研制设计国产化先进疏浚设备,掌握关键核心技术,是该型船研制成功的重要因素。

面对"通途"号超大型耙吸挖泥船技术要求高,舱容、挖泥吃水、吸泥等都有一定严格要求的这一新的船型,设计团队的带头人召开了技术攻关会,研究项目难点及如何攻关。在团队内统一思想,团结协作,从节能环保出发,攻关键技术,创新设计打造精品。

(1)对船型进行全面优化设计。为适应浅水域的疏浚而研发浅吃水肥大型线型,设计时考虑其特征指标为船长/船宽比(L/B)要小,船宽/吃水比(B/d)要大,方形系数也要大,还要保持较低的阻力。设计团队通过研究、试验和设计经验的积累,使该船型主尺度已经达到国际先进水平的要求。

该船是超大型耙吸挖泥船,设计上着重以优化线型和舱容为主,并经过严密论证,最终采用国际上主流的大型耙吸挖泥船功率配置方式,即采用大功率轴带发电机,通过变频驱动疏浚设备(泥泵、水下泵、高压冲水泵等)。主船体不仅有效提高了载重量,增强了结构强度,还达到了避免甲板上浪的目的。深水疏浚是通过加长耙管并配置大功率的水下泵来实现的,设计的最大挖深达到了

90 米,这也是当时亚洲设计建造的最大挖深的耙吸挖泥船。

在沿海海区作业的耙吸挖泥船可以在符合半干舷决议(IMO DR67)的条件下适当提高装载量,设计团队在遵守这一决议并保证船舶稳性的基础上采取了提高装载量的措施,国际上新船的泥舱舱容系数都为 0.27~0.29,而"通途"号超大型挖泥船通过一系列优化设计,使得舱容系数达到了 0.31,创了新高。

设计团队通过技术攻关、优化线型、增加舱容、降低总装机功率等途径,并应用了球鼻艏、艉附体等改善流线,降低阻力;动力系统采用复合驱动设置,使该船的航行比功率创国内新低,降至 0.037,技术指标达到了国际先进水平。

(2) 对大开口泥舱结构强度进行分析。结构强度决定挖泥船的载重承受能力,因而解决大开口泥舱结构强度尤为重要。耙吸挖泥船的泥舱是主要承载舱段,通常位于舯部,长度接近船长的 1/2。泥舱与一般运输船的货舱结构形式明显不同,不仅上部有纵通的敞开甲板开口,泥舱底部还设有若干泥门开口,使纵向构件的连续性受到影响。泥舱的装卸周期很短,船体在短时间内会承受交变载荷,这是泥舱结构受力的特殊性。为解决这一特殊性,设计团队将以往在大型耙吸挖泥船结构设计所积累的经验应用于该船,包括泥舱板、泥门开口结构、泥舱横舱壁结构、泥舱纵舱壁结构、具有双列泥门的耙吸挖泥船的典型结构的箱形龙骨(泥舱三角舱)结构、吸泥管导轨处加强及泥舱段其他部位的加强等,同时合理应用 H36 高强度钢,最终使该船大开口泥舱结构设计取得成功。

(3) 以复合驱动为特征的动力系统配置优化。设计团队从提高挖泥船的总体效率和环保出发,优化设计了以复合驱动为特征的动力系统配置。由于耙吸挖泥船主要工况的动力需求峰谷值互补,功率大致相等的特点,现代大型耙吸挖泥船动力的配置普遍采用复合驱动,使装机容量更为合理,船舶投资和营运费用也相应减少。一般以单位泥舱容积的装机功率为特征参数,先进大耙船舶指标为 1~1.1 千瓦/立方米(泥舱容积)。而复合驱动即"一拖二"或"一拖三",最常见的形式是一台主机(中速柴油机)一端驱动螺旋桨,另一端驱动泥泵和轴带发电机(发电供高压冲水泵等用)。中国船舶及海洋工程设计研究院从2006年设计"新海虎"号挖泥船开始设计复合驱动动力装置系统,解决了选型、总布置、功率分配及管理等技术难点。设计团队采用这一技术,在设计上进一步优化,使该船单位泥舱容积的装机功率约为1.033千瓦/立方米,达到了国际先进水平。

(4)自主研发解决挖泥作业监控自动化。该院从2002年将旧货船改装设计为耙吸挖泥船项目起,开始采用国产化的带PLC总线的挖泥控制协调和综合疏浚数据显示系统。随着新型挖泥船的研发,打破了传统的手工作业方式,设计团队从高效作业出发,实施了挖泥作业监控自动化,使整船置于自动监控状态,保证了挖泥作业的可靠性和安全性。后来设计团队设计的大型、超大型耙吸挖泥船,进一步采用由国内设备厂商自主研发的具有国内第一、国际先进水平的疏浚集成控制系统,达到了疏浚过程显示,装舱过程控制、卸泥过程控制、疏浚过程的显示;监视、显示各疏浚过程的主配电板状态,显示电站一次系统,控制一些辅助设备的起停;对推进系统的监视和控制,PLC系统对主机及可调螺距螺旋桨提供连锁、保护和控制;具有报警、监视和数据记录,打印输出和自动报表功能;另外还具有先进的故障诊断功能等,以确保数据作业的安全性,促进了大型耙吸挖泥船的高效作业。"通途"号设计团队合影如图5-1所示。

"通途"号挖泥船技术要求高,研发设计难度大。设计团队立足于国内,研发设计的耙头(包括先进的主动耙头)、耙管及吊架、绞车、艏吹旋转接头等,喷嘴、可升降溢流筒、锥形泥门、输泥管系阀闸及附件等均在国内生产,使该船疏浚设备创国产化率新高,推动了该产品的自主创新发展。

"通途"号的设计与建造过程,设计团队敢于挑战自我,克服一个又一个技术难关,在设计和建造过程中,船舶所有人不断提出增加舱容等新的要求。如何做到既不降低该船作业性能,又不影响建造周期,并对已选定的设备甚至已经投产的长周期的设备不重新订货呢? 摆在设计团队面前的是一份如此苛刻的考卷。面对挑战大家没有抱怨,全身心地投入到新方案论证工作。保证质量、

图 5-1　"通途"号设计团队合影

控制成本、保障建造周期是设计团队的工作重心。他们夜以继日地分析计算,精心地构思每一个方案,并将各方案精确地展开,全力攻克结构钢材变化、设备变化、重量预估、全船性能校核等一个个难题,并进行比较、选择、计算,再比较、再选择、再计算……最终使泥舱舱容达到了既提高载泥量,又不降低航速的目标。船舶所有人看到试航的状态和数据,感慨万千地说:这么复杂的超大型的挖泥船设计成功,几乎很难想象会有如此顺利的结果,原来担心的振动、航速降低、油耗增加等问题都没发生,令人非常满意。

　　"通途"号的研制成功及其主要设备的国产化,是我国疏浚业发展的又一成果,创造了国内超大型耙吸挖泥船研制的新纪录。

　　目前,"通途"号已驶上航程,奋战在江河湖海作业现场。设计团队为中国疏浚业作出了新贡献,眺望广袤无垠的江海大洋,他们一定会不辱使命,开启新的航程,实现光荣与梦想!

第四节　"新海豚"号设计团队——围海吹填攀新高

为打破国外大型绞吸挖泥船的垄断，适应我国疏浚市场发展的要求。中国船舶及海洋工程设计研究院和中交集团抓住机遇立足国内，自行创新，成功研制大型绞吸挖泥船。其中3 500立方米/时绞吸挖泥船"新海豚"号凭借其先进动力系统和卓越的疏浚能力成为其中的佼佼者。

在"新海豚"号研制过程中，设计团队团结一致，携手共进，先后攻克了选定合适的主尺度、浮态平衡、居住舱室减振、大功率绞刀传动系统研发、大型定位装置研发、动力配置、重型桥架研发、电站配置、系统集成、疏浚设备配套等多项技术难关。

该船施工水域较广，施工海况复杂，对船的耐波性提出了更高的要求。针对这些问题，设计团队克服众多难题，通过对同类船舶的主尺度研究分析，结合该船特点确定了主尺度。

设计时曾遇到如下问题：

一是设备重量左、右不对称。船尾设置主、副钢桩定位装置，副桩及其重达200多吨偏向一舷设置，形成很大的横倾力矩。桩升起和插下时对船的作用力又各不相同，产生的横倾力矩也不相同。设于一舷的排泥管，内部有泥和无泥时重量不同，也产生不同的横倾力矩。

二是作业时重心位置的变动幅度大，影响因素复杂。如绞刀架提起和放下时，铰刀架重心位置相对于船来说变化很大，也会引起船重心产生变化，对全船浮态造成很大影响。

在设计过程中，设计团队通过权衡利弊，将柴油机、泥泵等大型设备尽可能向副定位桩相反的一舷布置，除合理选取主尺度外，采用了优化分舱及设备布局、利用艏、艉设置压载水舱调节纵倾等多项措施，并结合各种装载工况的载态分析，最终达到了良好的浮态控制效果。

该船在设计过程中结构专业始终处在风口浪尖，要求设计周期短、人员少、难度大、与各专业之间的协调配合工作量相当繁重，详细设计阶段主尺度的优化修改更是需要各专业人员相互通力合作来保证项目进度。

新型钢桩定位系统是该船的关键技术。设计团队切磋研究,并进行实验,最后采用了新型的钢桩定位系统设计技术,通过油缸进行倒桩,实现操作简便,大大降低船员劳动强度,提高效率,倒桩周期大大缩短,同时实现在浅水区(水深 6 米),倒竖桩,满足大量实际工程需求。

设计团队通力合作,精细设计,使"新海豚"号达到当时国际先进水平。该船首次设置疏浚电网为绞刀、水下泵及液压系统动力泵站供电。由于该船总装机功率大,超过 14 000 千瓦,机械设备及各类管系繁多且重量主要集中在艏部与艉部,这些都给船体结构设计带来很大困难,不仅需要进行大量的有限元计算,校核局部强度,还要进一步控制全船的总纵弯曲。设计团队各专业之间相互配合、通力合作保证了项目进度。

自主开发设计新产品。大型电驱动绞吸挖泥船在海洋工程建设上是一项高新技术船型。有好的船型还须有好的利器设备才能开发海洋、疏通江河海道、吹填作业。

设计团队攻克了大功率绞刀水下变频电机设计技术、大功率绞刀齿轮箱设计技术、绞刀轴系深水密封技术及能承受双向大推力的绞刀轴系设计技术等难题,成功开发出 2 200 千瓦大功率绞刀传动系统,这种在大型绞吸挖泥船上采用疏浚电网统一供电的电力驱动技术设计在国内尚属首次。

"新海豚"号各项技术指标达到当时国际上同类型船水平。该船 2013 年荣获中国造船学会科学技术进步奖二等奖,中国船舶工业集团有限公司科学技术进步奖三等奖。

第五节 "天鲲"号设计团队——跨越创新显奇迹

2019 年 3 月 12 日,具有中国自主知识产权的亚洲超大型自航绞吸挖泥船

"天鲲"号从江苏连云港开启首航之旅,标志着完全由我国自主研发、建造的疏浚重器"天鲲"号正式交付使用;标志着中国疏浚装备研发建造能力进一步升级和跨越性的发展,已处于世界先进水平。

这是我国挖泥船继实现大型耙吸挖泥船国产化后又一里程碑式的标志,但在这背后凝聚着挖泥船设计团队几代人的心血和汗水,这里有关于多个设计团队鲜为人知的坚韧和敢为人先的故事。

为落实国家"交通强国""海洋强国"和"一带一路"国际合作,提升我国远海岛礁建设、海洋维权港口航道和填海造陆工程建设能力,迫切需要自主研发适应恶劣海况的具备挖岩能力的"国之重器",而总装机功率 20 000 千瓦以上超大型自航绞吸挖泥船正是远海岛礁建设、港口航道、填海造陆等不可替代的高新技术、高难度重大工程装备。

在 21 世纪初进行"货改耙"和大型耙吸挖泥船研发设计进行得如火如荼之时,中国船舶及海洋工程设计研究院挖泥设计团队也同时着手对超大型绞吸挖泥船进行研发设计,超大型自航绞吸挖泥船设计、建造长期以来被欧洲少数国家所垄断的局面,我们必须自主创新,打造拥有自主知识产权的超大型绞吸挖泥船。他们深知依靠外国是买不来真正的先进技术,当初中国用几吨黄金买来一艘中、小型耙吸挖泥船,其关键技术还是对我国进行封锁,所以只能依靠自己。设计团队秉持一心报国的理想和志气,发奋图强,励精图治,打破常规,冲破桎梏,挑战高新,一定要研发设计出属于中国自己的大型自航绞吸疏浚创新产品。

在围海造地、疏浚航道、吹填造陆、码头建设等大型工程建设领域,都需要用大型绞吸挖泥船来实现。在中交集团和中船集团强强联合领导下,"天鲲"号设计团队和中交天津航道有限公司共同努力,在疏浚建设集团及造船行业的支持下,产学研用相结合,共同解决了多项关键技术,把核心技术牢牢地掌握在自己手中。

设计团队不惧困难,敢为人先,打破常规,以核心技术为目标创新超越,"天鲲"号突破了超大型自航绞吸挖泥船型总体设计技术、柔性钢桩和三缆双定位技术、桥架波浪补偿技术、桥架双轴技术、全电力驱动和智能功率管理技术、自动挖泥管理控制技术、球艏、双艉鳍和转动导管设计技术、上层建筑气动减振技术等多项关键技术,成功开发了这型拥有自主产权、性能优良、指标先进的超大型自航绞吸挖泥船。值得一提的是超大型绞吸挖泥船总装机功率配置,此前设计的绞吸挖泥船的总装机功率约为 10 000 千瓦,现已达到总装机功率为 25 000 千瓦以上,绞刀额定功率为 6 600 千瓦,每小时疏浚为 6 000 立方米,最大挖深为 35 米,最大扬程为 15 000 米。该超大型绞吸挖泥船的诞生像一条巨龙在海中蜿蜒起伏,使围海造地、疏浚航道、吹填造陆等大型疏浚工程变得更为便利。

设计团队勇于突破瓶颈,解决关键技术难题。"天鲲"号在执行挖泥作业时,一边用强有力的绞刀将水下泥砂、岩石绞碎分解,一边用大功率的泥泵将浑泥碎岩吸走,通过专门的管道输送到既定的吹填区域,造陆成岛。这看似简单的过程,要真正实现可谓困难重重。挖掘坚硬岩石、绞刀长轴传动技术等,一直是疏浚行业的世界性难题,针对远海快速造岛等国家的战略需求,亟须解决水下"挖得动"和"挖得快"的关键技术难题。海况变幻莫测,船定位较难;定位系统稍有不稳或失灵都有可能导致沉船事故,海底不仅有泥砂,还有珊瑚礁、岩石等坚硬物质,对绞刀强度提出更高的要求,绞切比较难。设计团队同国内各方力量经过多年探索实践,通过研发综合多种不同钢质的长处,解决了定位、绞刀长轴传动和绞刀坚韧性的问题,使绞刀不仅具有多种功能,且能在瞬间击穿2厘米厚的钢板。最后设计团队成功设计制造出了"天鲲"号这艘我国具有自主知识产权的最大的自航绞吸挖泥船,使我国成为目前少数几个能够自主开展大规模吹填造陆和航道疏浚工程的国家之一。

"天鲲"号的设计、建造成功,打破了少数发达国家在大型自航绞吸挖泥船设计上的垄断,结束了我国不能自主设计超大型自航绞吸挖泥船的历史,填补了国内自主设计超大型自航绞吸挖泥船的空白,推动了我国疏浚技术的创新和发展,为维护我国海洋权益、建设海洋强国和"一带一路"的建设提供了装备保障,同时也标志着我国进入了挖泥船装备设计和制造强国。"天鲲"号还首次进入欧洲疏浚市场,对落实我国"一带一路"合作、增进沿线国家人民友谊、促进各国经济建设、繁荣贸易方面发挥了重要作用,给中国制造的疏浚装备树立了良好的形象,增强了我国疏浚企业在国际疏浚市场上的竞争力。

"大国重器,筑梦深蓝",实现着中国的海洋强国梦想,凝聚着设计团队的科技创新和智慧。他们深知只有拥有强大的自主创新能力和核心技术,才能不受制于人,在国内、外激烈的市场竞争中把握先机、赢得发展的主动权,该团队成员正以忘我精神,撸起袖子加油干,继续跨越研发高新核心技术,向着新的奋斗目标继续前进,为研发设计我国的高新疏浚装备走上自主创新之路!

第六章
挖泥船发展趋势

挖泥船是疏浚装备的重器,是人类改造、利用、保护自然,改善生存环境,发展经济,造福人类必不可少的工具。挖泥船作为疏浚业的核心装备,将会随着人类社会的进步和科学技术的发展,认识自然和改造自然能力的增强,更加广泛地应用到人类生产、生活的诸多方面,会朝着船型和主尺度更加经济合理,疏浚装置更加精良高效,作业区域适应能力和运载能力更强,节能更加绿色环保和设备装置更加智能化方向发展。

第一节　船型超大、创新

一、船型超大

超大型挖泥船在大型疏浚、吹填工程中发挥了重要作用,充分显现出高效的业绩和单方土成本下降的优势。

进入 21 世纪,欧洲疏浚公司相继建造舱容超过 30 000 立方米自航挖泥船和总装机功率超过 23 000 千瓦的自航挖泥船。

目前大型耙吸挖泥船的挖深为 45 米左右,超大型耙吸挖泥船挖深一般为 100 米以上,最大挖深达 155 米。故挖泥船大型化势在必行。

二、船型创新

1. 挖-运分离模块化

挖-运分离的高效、低成本模块化组合是一种创新理念,它给越来越多走向深海的疏浚业赋予了新的生命力。挖泥船的关键是疏浚设备,将母船设计成通用型,其他疏浚设备做成模块化,按不同的用户需求进行组装搭建,形成不同功能的挖泥船,如同拼装一个巨型的"乐高",组装完毕后就可以投入应用到各种疏浚工程。

2. 双体耙吸挖泥船

2013 年于布鲁塞尔召开第 20 届世界疏浚大会,出席会议的中国代表向出席会议的各成员国代表介绍我国在疏浚技术研究方面所取得的成果,如无泥舱双体耙吸挖泥船组合疏浚系统。

该"双体耙吸挖泥船创意组合"将"挖-运"技术结合构建一个全新的概念,开创一种新型无泥舱的双体耙吸挖泥船,在挖泥船两舷外侧分别设置大挖深耙臂,并将所挖泥砂借助装驳系统装入两个片体间的泥驳,待装满后泥驳自行退出并拖带至设定吹填处所,整个作业过程中"取"和"运"分别由两套装备完成,作为耙吸挖泥船必备的泥舱以及与泥舱装载相关联的许多设备如泥门、消能箱、溢流装置、吸排泥系统在该方案里均被减缩,挖泥船大大瘦身,单船造价及疏浚土成本得以降低。

作业时,配套用泥驳系于双体船两片体之间,故可启用双耙同时装驳,这是双体船呈现的又一优势,工效明显高于单耙;对驳船而言,以驳运取代耙吸挖泥船输送,运输成本和工程进度均双双受益。

在双体船船型技术、常规耙吸挖泥船的疏浚装备技术等基础上形成的一个疏浚组合体,属集成性技术创新,这种带有大跨度、小片体的双体船结构,可谓迄今世界上尺度最大的无限航区双体作业船。该方案与 30 000 立方米级耙吸挖泥船"VOMAXIMA"号在相同海区条件下进行不同运距下推演的产量比较,与单方土成本比较,结果表明在短运距时,本组合方案不具备优势;而当运距达到 50 海里以上时,本方案无论在工程进度、单方土成本还是总效益方面均领先 30 000 立方米级"VOX MAXIMA"号。

3. 无泥舱耙吸挖泥船+顶推泥驳

挖泥船自身不带泥舱,根据工程作业的规模、泥砂运送距离等要素确定泥驳的匹配,形成船与驳的组合体。挖泥时既可以双耙作业,也可以单耙作业,其挖取的泥水混合物通过船首专设的快速接头,直接传输到前方被顶推的配套泥驳上,视情况可采取 1+1 组合还是 1+2、1+3···装满后泥驳可脱离撤走。

我国疏浚部门在推进"无泥舱双体耙吸挖泥船+自航泥驳创意组合"前期研究的同时,还展开了另一项组合方案的前期研究,即"无泥舱耙吸挖泥船+顶推泥驳创意组合"的可行性研究。该项研究主要结合未来长江口水域疏浚泥土如何实现高效、低成本作业而展开。

第二节　高效节能、环保

未来的挖泥船将更加重视疏浚装备与生态环境,实现人类社会与自然环境的和谐共处。

随着社会经济的快速发展,全球气候不断恶化,大气污染问题愈加突出,成为危害人类健康、制约人类文明发展的一个重要因素,而传统化石燃料的大规模使用正是造成这类污染的主要原因。

液化天然气能源不仅清洁,而且储量充沛,是解决环境问题的理想能源。挖泥船作为在港口、沿海航道甚至城市周边河道疏浚作业的船舶,其废气排放对城市大气环境影响巨大。因此,开发使用液化天然气能源的绿色挖泥船,将成为建设绿色环保可持续发展城市的趋势,液化天然气等清洁能源的运用与推广,可打造万方级双燃料耙吸挖泥船。1 500 立方米双燃料耙吸挖泥船如图 6-1 所示。

图 6-1 1 500 立方米双燃料耙吸挖泥船

运用核能可减少排放污染,所以清洁能源技术与产业作为全球气候变化和能源危机背景下各国公认的未来经济发展的重要方向。

与此同时,加强疏浚设备绿色环保功能,特别是重点研究污染底泥疏浚技术,不断研究制造出用于解决污染土的疏浚装备,妥善解决污染土在水下扩散形成的二次污染。组合式多功能深水环保清淤装置如图 6-2 所示。

图 6-2 组合式多功能深水环保清淤装置

第三节　高效化复合驱动

复合驱动,通过主机等动力源"一机多带",主机不仅为推进器提供动力,还通过直驱或轴带发电机向泥泵高压冲水泵等疏浚设备提供动力,使得在各种运行工况下能充分利用动力系统提供的功率,提高其使用率,减少装船功率(减少装机台数),从而获得更加明显的经济效益。

挖泥船的动力配置主要有两种类型:第一种为"一拖三",即主机除驱动推进器和轴带发电机外,还有驱动舱内泵;第二种为"一拖二",即主机仅驱动推进器和轴带发电机,泥泵等疏浚设备均由电力驱动。从发展前景来看,随着变频驱动技术的日趋成熟,后者应用前景更趋于广泛。

第四节　智　能　化

未来船舶将集完善的智能航行、智能船体、智能机舱、智能能效管理、智能货物管理、智能集成平台六大系统于一体,智能运行。智能化集成监控信息平台和装备在驾控台上的自动化操控技术系统如图 6-3 和图 6-4 所示。

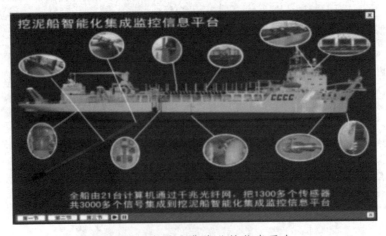

图 6-3　智能化集成监控信息平台

图 6-4　装备在驾控台上的自动化操控技术系统

挖泥船为使产量达到最大值,采用复杂的疏浚自动化系统和最先进的绞刀头,随时掌握各系统运行状况。疏浚控制操纵台的监控与数据采集系统中设置了特殊的报警功能,驾控台设有自动化操控装置,在屏幕上就会显示各设备运行信息,可以据此适时准确保障各设备的正常运行。

参考文献

［1］刘厚恕.印象国内外疏浚装备［M］.北京：国防工业出版社,2016.

［2］费龙.耙吸、绞吸挖泥船工程设计［M］.北京：上海交通大学出版社,2018.

［3］张太佶.认识海洋开发装备和工程船［M］.北京：国防工业出版社,2015.

［4］刘厚恕.走向 21 世纪的中国挖泥船［J］.船舶工业技术经济信息,2000(3)：29－40.

［5］邵善庆,李忠武.耙吸挖泥船船型及其发展趋势［J］.船舶,1999(3)：11－20.

［6］钱卫星.挖泥船的分类及其发展趋势［J］.江苏船舶,2008(6)：7－9,47.

［7］黎蓄.基于 MATLAB 的疏浚抓斗优化及仿真分析［D］.武汉：武汉理工大学,2013.

［8］陈新华.大型自航耙吸挖泥船的总体设计［J］.南通航运职业技术学院院报,2017,16(1)：27－30.

［9］陈国平.挖泥船作业过程监控系统的研究与开发［D］.杭州：浙江大学,2014.

［10］李彩施.论挖泥船分类的概念结构［J］.科技创业月刊,2017,30(11)：118－119.

［11］潘志伟.基于人工智能的耙吸挖泥船挖掘与泥水输送机理研究［D］.镇江：江苏科技大学,2019.

[12] 于卫良.疏浚市场展望与现代自航耙吸挖泥船的发展趋势[J].水运管理，2002(7)：24-28.

[13] 章文倬,付宗国,于宏斌.挖泥船与疏浚业发展现状及研究[J].机械工程师,2017(6)：53-55.

[14] 徐冰.挖泥船分类及工作流程的分析[J].科学与财富,2012(11)：153.

[15] 蒋欣,常留红,钟志生.国际新一代耙吸挖泥船发展趋势[J].中国水运：下期,2015(11)：85-95,97.

[16] 姚佶.挖泥船的分类与发展研究[J].科技风,2012(7)：224.

[17] 袁威.吸盘式挖泥船吸盘特性研究[D].哈尔滨：哈尔滨工程大学,2011.

索　引

后　记

建国初期，1950 年我国年造船量才 1 万多吨。当时江海航行的万吨船，没有一艘是中国自己设计和建造的。70 年来，广大科技人员和造船工人在党的领导下，至 2018 年，中国年造船量已达 6 000 多万吨，我们不仅能设计和建造一般船舶，而且能设计和建造被誉为造船"工业皇冠上明珠"的高科技、高附加值船舶，成为世界第一造船大国。

2021 年是中国共产党成立 100 周年，为展现新中国船舶的发展历程和取得的辉煌成就，中国船舶及海洋工程设计研究院、上海市船舶与海洋工程学会、江南造船(集团)有限公司、沪东中华造船(集团)有限公司、上海外高桥造船有限公司、上海船舶研究设计院、上海交通大学出版社，携手编撰出版"中国船舶研发史"丛书，向建党 100 周年献礼。本套丛书共 10 本：《中国油船研发史》《中国集装箱船研发史》《中国科考船研发史》《中国挖泥船研发史》《中国液化气船研发史》《中国工程船研发史》《中国散货船研发史》《中国客船研发史》《中国气垫船研发史》《中国海洋油气开发装备研发史》。

本套丛书的编写得到中国工程院院士曾恒一及新、老船舶研发设计专家、科技人员的热情支持和积极参与，为本套丛书顺利编写出版奠定了基础。

本套丛书取材翔实、资料数据真实可信、极具原创性，这是本套丛书一大特点。70 多位从事船舶及海洋工程研究、设计、建造的专家和科技工作者参与本套丛书的编写，他们是新中国船舶事业发展和取得辉煌成绩的见证奉献者，他们将自己研发的产品写出来，从领受编撰任务起，就酝酿推敲，不辞辛劳，不舍昼夜，把对船舶科学的追求，对祖国的爱练成书香墨宝。每一分册从提纲到初稿、定稿，均经众人讨论、反复修改。集体创作是本套丛书的另一大特点。

此外，本套丛书所写典型产品，既是时代成果，也是我国船舶研发珍贵的历史资料和经验总结，对从事船舶研发设计的青年人具有启发和借鉴作用。

本丛书编写过程中得到许多单位及领导的关心和支持。船舶设计大师费龙研究员，韩明、张太佶研究员等参加《中国挖泥船研发史》编写和审稿，在此表示感谢。特别要感谢各位编者辛勤的付出和认真卓越的工作。本套丛书编写中参考了一些书籍和报刊，引用了一些观点和图片，在此表示谢意。由于编者水平有限，特别是历史跨度大和资料收集的难度，有的典型产品可能未能收录。书中涉及船名、人名、地名等，尽量用中文名，有的因为行业内默认英文名则选用英文名。本套丛书存在不当之处，恳请专家、读者予以批评指正。

张　毅